《この本の注意点》

・大さじ1＝15ml、小さじ1＝5mlです。

・材料のきび砂糖は、他の砂糖でも代用できます。

・材料の水は水道水を浄化したものを使用しています。ミネラルウォーターを使用する場合は、日本の水道水に近い軟水を使用してください。

・スティックパンのできあがり写真は、基本的にオーブントースターで焼いたものです。その他の方法で焼いた場合、できあがりの見た目が多少異なります。

・オーブントースターや魚焼きグリル、オーブンは機種によって加熱具合が異なります。様子を見ながら加熱時間や温度を調節してください。

パン作りの前に

基本の材料

本書のスティックパンの基本の材料は、①強力粉、②インスタントドライイースト、③仕込み水(牛乳＋水など)、④砂糖、⑤塩の五つです。

基本の道具

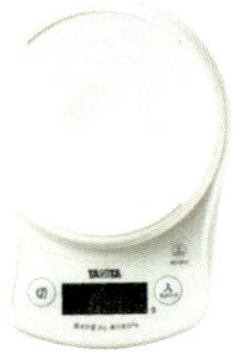

デジタルスケール

上手にスティックパンを作るためには、正確に量ることが重要です。ボウルを乗せて0.1g単位で量れるデジタルスケールがおすすめです。

ステンレスボウル

材料を混ぜたり、生地をこねたりするときに使います。粉用と、仕込み水用で最低二つあればよいでしょう。

ゴムベラ

ボウルの中で材料を混ぜるときに使います。ボウルにくっついてしまった生地も取りやすいのでおすすめです。

カード

生地に大きめの具材を混ぜ込むときに使います。パンの生地は弾力があるので、均一に具材を混ぜるには、カードが便利です。

密閉容器

生地を冷蔵庫で寝かせるときに使います。ビニル袋などに比べてくっつきにくいこと、生地の膨らみが目に見えてわかりやすいことなどからおすすめです。

めん棒

生地を伸ばし広げるときに使います。表面に凹凸があり、生地がくっつきにくくなっています。木のめん棒の場合は、使う前に強力粉をまぶしておいてください。

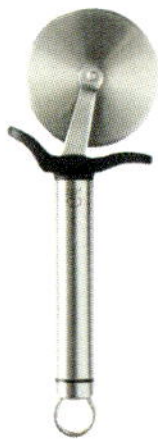

ピザカッター

生地を細くカットするのに使います。100円ショップなどでも手に入ります。ない場合は包丁でもＯＫですが、ピザカッターの方がきれいにカットできます。

粉ふるい

生地に水分が多く、手や器具にベタベタとついてしまうようなときに、強力粉をふるうのに使います。ちなみに私はタイガークラウンの粉糖ふりを使っています。

「低温長時間発酵」のパン作り

毎日食べるものだから、なるべく簡単に手作りしてもらいたい――。そんな気持ちを込めて、「低温長時間発酵」のスティックパンの作り方を提案しています。
「低温長時間発酵」とは、生地を冷蔵庫でのんびり１次発酵させる方法です。スティックパンは成形を工夫することで、２次発酵を省略しているので、本書では単に「発酵」と書いていますが、発酵に時間をかけることで、二つのメリットがあるのです。

メリット　1　自分のスケジュールに合わせたパン作りができる！

常温でパン生地をおいておくとどんどん膨らんでしまうので、通常のパン作りはこね始めたら焼き上がりまでノンストップです。でも「低温長時間発酵」なら、生地が待っていてくれるので、慌てなくて大丈夫。こねて冷蔵庫に入れてさえおけば、手の空いた時にパンを焼くことができます。

メリット　2　パンがおいしくなる！

「低温長時間発酵」だと、おいしいパンができあがります。パンも発酵食品。発酵＝熟成です。熟成時間をゆっくりじっくりとってあげることで、風味のよい生地になります。発酵時間はなるべくながーく取ってあげましょう。

【一日のタイムスケジュール】

→子どもが寝静まってから生地をこねて、冷蔵庫に入れておきます。次の日は朝食に焼いてもいいですし、子どもがお昼寝の間に焼いておやつにしても喜ばれます。外で働いている方なら、夜寝る前にこねて、次の日帰宅してから焼くなど自由自在です。

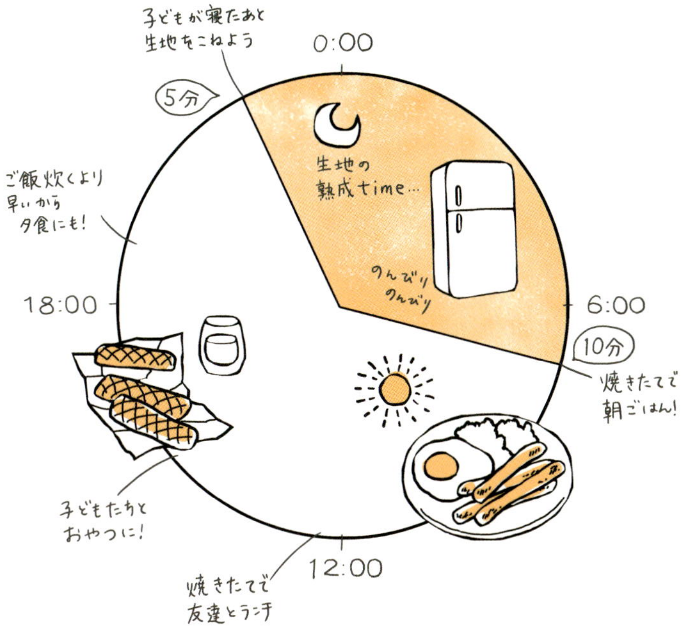

column 1

イーストのお話

パンに欠かせない材料、イースト。地球上に存在する微生物のひとつで、カビやキノコと同じ菌類に属します。大気中や穀物、果実などあらゆるところに生息しており、何百種類もあると言われています。

自家製酵母や天然酵母という言葉を耳にすることも多いと思いますが、こちらもイーストのことです。イーストとは酵母の英訳なんですね。

少しややこしいのですが、元々自然界にある何百という種類の酵母の中から、「パンの発酵に適している酵母」を採取して、工業的に増やしたものを日本では「イースト」ということが多いようです。

教室に来られる生徒さんの中には「イーストは体に悪い！」とおっしゃる方もいらっしゃいますが、自家製酵母も天然酵母も「イースト」も全部「酵母」で、元々自然界にあり、それ自体が体に悪いわけではないのです。

イーストが体に悪いと思われている方はおそらく、イーストフードとイーストを勘違いされているのではないでしょうか。イーストフードとはその名の通りイーストのエサのことで、食品添加物です。イーストを活性化し、発酵を促進する働きがありますが、毒性があるので、子どもにはなるべく食べさせたくない添加物のひとつです。市販のパンを購入するときにはパッケージの裏にある記載を確認してみてください。私はできるだけイーストフードと記載のないものを選ぶようにしています。

イーストは以下の３種類に分けられます。

◎イースト（インスタントドライイースト、生イースト、ドライイースト）
◎天然酵母（ホシノ天然酵母パン種や白神こだま酵母が有名。生産者が各々の種で起こした酵母）
◎自家製酵母（野菜や果物、ハーブなどについている野生酵母を増やしたもの）

本書ではインスタントドライイーストを使用しています。このイーストは顆粒状で、そのまま粉にまぜて使うことができるので、とても手軽です。発酵力も強く、安定しています。そして、なるべくこねないですむように、一度仕込み水でイーストを溶かしてから使う方法を提案しています。こうすると、たくさんこねなくても生地中のイーストが溶けやすくなるのです。

生イーストやドライイーストは手に入りにくく、一般の家庭ではあまり使われません。

天然酵母や自家製酵母は、色々な種類の酵母菌が含まれていること、発酵に長時間かけることから、味に深みが出ると言われています。ただ、パンに適した酵母だけでなく色々な酵母が含まれているため、扱いが難しいものも。column4（P62）で自家製酵母について少し触れているので、興味がある方はやってみてください。

インスタントドライイーストは使いやすく、家庭でのパン作りの強い味方ですが、保管方法に注意が必要です。パンが膨らまないと言う生徒さんにイーストをどうやって保管しているか聞くと、たいてい常温に置いていたり、何年も冷蔵庫に入れていたりします。

私は、密閉容器に入れて冷凍庫で保管することをおすすめしています。2年は保存が可能です。イーストは5℃以上ある環境だとエサを探して動き出します。そして動いているとだんだん元気がなくなってきてしまうのです。イーストは生き物だということを忘れず、上手に付き合いましょう。

◎0〜5℃　イーストが活動停止する温度
◎27〜36℃　イーストが最も活動的になる温度
◎60℃〜　イーストが死滅する温度

私はサフのインスタントドライイーストを使っています。製菓材料店やネットスーパーなどで手に入ります。

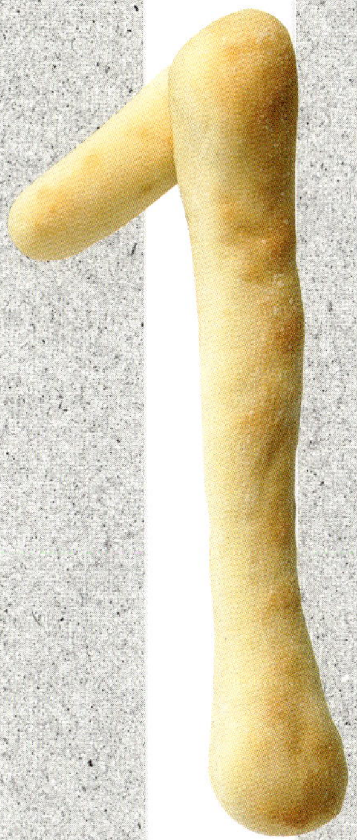

chapter 1

基本のスティックパン

ミルクスティックパン

基本のスティックパンです。卵も油も使わない、
シンプルな生地です。お好みのものを入れて
いろいろなパンにアレンジしてみてください。

材料（約9〜10本分）

A
- 国産強力粉…100g
- きび砂糖…5g
- 塩…1g

B
- 牛乳…50g
- 水…20g
- ※牛乳を使わないで作る場合は、水…65g
- インスタントドライイースト…1g

準備

1 デジタルスケールで大きなボウルに材料Aをきっちり量り入れ、ゴムベラでよくかき混ぜます。パン作りは材料が均一に混ざることが大切です。

2 デジタルスケールで小さなボウルに材料Bをきっちり量り入れ、イーストを膨潤（水分を含んで膨れること）させます。待っていれば溶けるので、かき混ぜる必要はありません。

3 上の写真のようにイーストが少し沈んできたら膨潤したということ。５分以上おくとイーストの元気がなくなってしまうので、2〜3分でＯＫです。

こね

4 １に２を一気に入れて、ゴムベラでかき混ぜます。

5 ボウルの底から混ぜるようにして、生地をまとめます。

6 状態が変わらなくなったら、ゴムベラの生地をきれいにとり、手でこねます。

7 指先で生地を伸ばし、折りたたむようにしてこねます。角度を変えて同じ作業を繰り返してください。片手でできるので、両手が汚れて煩わしいということはありません。生地の水分が均一になったらこねは完了（目安２〜3分）。多少表面がぼこぼこしていても問題ありません。

発酵

8 生地を丸めて表面をピンと張ります。密閉容器に入れて、冷蔵庫に入れます。

9 冷蔵庫で最低8時間は寝かせてください。1.5〜2倍に膨らんだらＯＫです。

※生地は３日程度もつので、膨らんだあとすぐ焼けなくても焦らずに冷蔵庫に置いておきましょう。熟成時間が長くとれておいしいパンになります。

　生地が膨らまない場合は、冷蔵庫から出して2時間ほど置いてみてください。それでも膨らまない場合は焼いてしまいましょう。イーストが少ないなど、分量の問題かもしれません。

　逆に容器のふたを持ち上げてしまうくらい生地が膨らみすぎたら、一度生地を出して写真のように丸め直します。そうするとガスが抜けて生地が小さくなります。生地は既に発酵できているので、いつでも焼くことができます。

丸めた生地のきれいな面を上にして左右を持ちます。

表面を伸ばし、折りたたむようにして下に入れこみます。

成形

10 発酵を終えた生地を取り出し、きれいな面を上にして、めん棒で5㎜の厚さに伸ばし広げます。生地の真ん中を起点として、真ん中→上、真ん中→下と伸ばします。

11 ピザカッターで１㎝幅にカットします。ピザカッターは手前から奥へ動かすと上手にカットできます。生地を冷凍したい場合はカットしたものをビニル袋に入れてください（P90参照）。

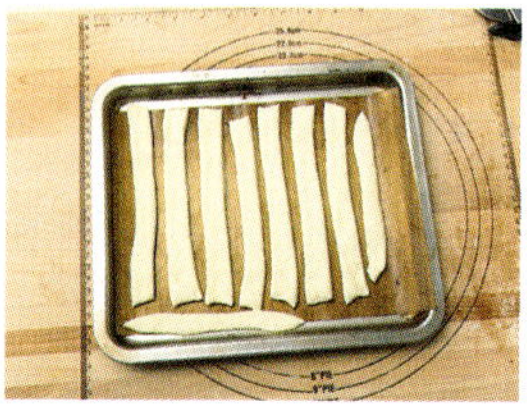

12 オーブンシートの上に間を空けて並べます。オーブンシートは使い捨てでも構いませんが、洗えるものだと何度も使えて便利です。

※発酵を終えた生地がベタつくようなら、分量外の強力粉を台と生地に軽くふると扱いやすくなります。ただし、量が多すぎると焼き上がりが硬くなるので、注意してください。

焼成

13 オーブントースター、魚焼きグリル、フライパンなどで焼きます。

◎オーブントースター
予熱なし、1200Wで7分(900Wなら11分)焼きます。きれいな焼き色がつきます。

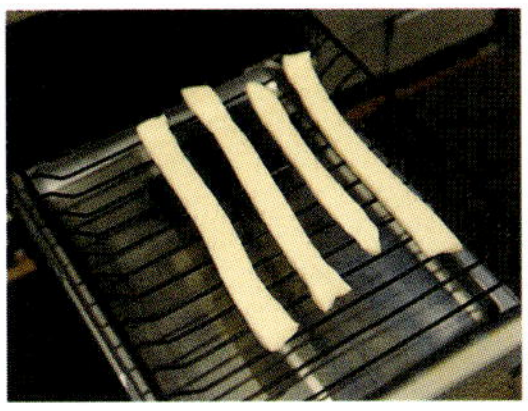

◎魚焼きグリル
予熱なし、両面焼きなら中火で3分焼きます。片面焼きならひっくり返してもう3分焼いてください。グリルは火力が強く、焦げやすいので注意してください。オーブンシートは使わず、直に置いてください。

◎フライパン
予熱なし、ふたをして弱火で7分焼きます。オーブンシートを使うとフライパンが汚れないのでおすすめです。

※もちろん、オーブンでも焼けますが、予熱は必要です。180°Cに予熱したオーブンで15分焼いてください。もっと焼き色をつけたい場合は、200°Cで13分焼いてください。

できあがり

14 上から、フライパン、オーブントースター、グリルで焼いたスティックパンです。すぐに食べない場合は、ケーキクーラーで十分に冷ました後、乾燥しないようビニル袋へ入れて密封してください。冷凍したい場合は袋のまま冷凍してください。解凍は常温に1時間程度おくか、レンジで30秒温めたのち、トースターで2分程度温めると外はカリッ、中はもちっと解凍できます。

毎日のパン作りのワンポイント

＊インスタントドライイーストの目安は小さじ½＝2gです。ご自身がお持ちのスプーンで2g量れるようにしておいてください。どんなスプーンでも構いません。イーストは密閉容器に入れて冷凍がおすすめ。そこにそのスプーンを入れておけば便利です。

＊基本のスティックパンの材料Aを計量してビニル袋に入れておくと毎日量らなくてもよいので便利です。私は1週間分まとめてお休みの日に計量しておくなどしています。

基本のミルクスティックパンのアレンジ

ミルクスティックパンの生地を使って、色々な具材を加えたレシピです。
生地の作り方はミルクスティックパンを参照してください。

レーズンスティックパン

基本の生地にレーズンを入れました。
お好みで表面にザラメをふっても美味しいです。

材料(約9〜10本分)

A
- 国産強力粉…100g
- きび砂糖…5g
- 塩…1g

B
- 牛乳…50g
- 水…20g
- インスタントドライイースト…1g

レーズン…30g

※レーズンにオイルコーティングがされている、もしくは柔らかくしたい場合は、レーズンを熱湯にくぐらせてよく水気を切っておいてください。

準備　こね

1 ミルクスティックパンの作り方1〜7(P11〜12)の要領で生地を作り、こねまで終えます。

発酵　成形　焼成

2 生地にレーズンを入れていきます。両面にまんべんなくレーズンをつけたら、カードで生地を半分にカットします。

3 片方の生地の上にもう片方を乗せて上から押します。この作業を何度か繰り返すと均等にレーズンが入ります。

4 生地を丸めて表面をピンと張ります。ミルクスティックパンの作り方8〜13(P12〜13)の要領で生地を発酵、成形、焼成したら完成です。

海苔チーズスティックパン

海苔、醤油、チーズを乗せたお餅のような
スティックパン。日本人にはおなじみの組み合わせです。

材料(約9〜10本分)

A
- 国産強力粉…100g
- きび砂糖…5g
- 塩…1g

B
- 牛乳…50g
- 水…20g
- インスタントドライイースト…1g

海苔…適量
醤油…適量
※海苔が味付きであれば醤油はなし。
ピザ用チーズ…適量

準備　こね　発酵

1 ミルクスティックパンの作り方1〜9(P 11〜12)の要領で生地を作り、発酵まで終えます。

成形

2 発酵を終えた生地を冷蔵庫から取り出し、めん棒で5㎜の厚さに伸ばし広げたら、海苔を乗せ、ハサミで1.5㎝幅にカットします。

3 表面にスプーンで醤油を薄く塗り、オーブンシートの上に並べ、チーズを乗せます。

焼成

4 ミルクスティックパンの作り方13(P 13)の要領で生地を焼成したら完成です。

枝豆コーンスティックパン

子どもが大好きなコンビ、枝豆とコーンを入れました。
彩りも良くて見た目も楽しい！　チーズをトッピングしても。

材料（約9〜10本分）

A
- 国産強力粉…100g
- きび砂糖…5g
- 塩…1g

B
- 牛乳…50g
- 水…20g
- インスタントドライイースト…1g

茹でた枝豆…15g　※冷凍の枝豆でも可。

茹でたトウモロコシ…15g

※冷凍、缶詰でも可。水気をキッチンペーパーで拭き取って使う。

準備　こね

1　ミルクスティックパンの作り方1〜7（P11〜12）の要領で生地を作り、こねまで終えます。

2　生地に枝豆とコーンを入れていきます。両面にまんべんなく枝豆とコーンをつけたら、カードで生地を半分にカットして、片方の生地の上にもう片方を乗せて上から押します。具が均等に入るまで、この作業を何度か繰り返します。

発酵　成形　焼成

3　生地を丸めて表面をピンと張ります。ミルクスティックパンの作り方8〜13（P12〜13）の要領で生地を発酵、成形、焼成したら完成です。

ひじき＆きんぴらスティックパン

家庭でよく作るお惣菜を入れました。このパンとお味噌汁があれば朝食はバッチリ！　仕上げに醤油をぬってもＯＫ。

材料（約9〜10本分）

A
- 国産強力粉…100g
- きび砂糖…5g
- 塩…1g

B
- 牛乳…50g
- 水…20g
- インスタントドライイースト…1g

ひじきの煮物…30g　※水気を切っておく。

（もしくはきんぴらごぼう…30g）

※水気を切って、みじん切りにしておく。

準備　こね

1　ミルクスティックパンの作り方1〜7（P11〜12）の要領で生地を作り、こねまで終えます。

2　生地にひじきの煮物（もしくはきんぴらごぼう）を入れていきます。両面にまんべんなくひじきをつけたら、カードで生地を半分にカットして、片方の生地の上にもう片方を乗せて上から押します。ひじきもしくはきんぴらごぼうが均等に入るまで、この作業を何度か繰り返します。

発酵　成形　焼成

3　生地を丸めて表面をピンと張ります。ミルクスティックパンの作り方8〜13（P12〜13）の要領で生地を発酵、成形、焼成したら完成です。

ちくわマヨロール

基本の生地を巻き付ければ、あっという間にロールパンが完成！
ボリュームがあって食べ盛りのお子様におすすめです。

材料（約9～10本分）

- A
  - 国産強力粉…100g
  - きび砂糖…5g
  - 塩…1g
- B
  - 牛乳…50g
  - 水…20g
  - インスタントドライイースト…1g
- ちくわ…5本
- スライスチーズ…3枚
- トッピング用マヨネーズ…適量
- トッピング用パセリ…適量

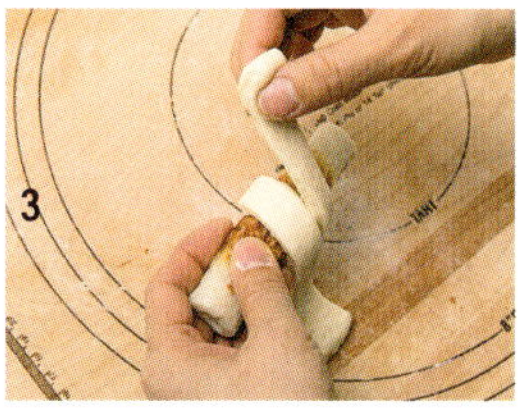

準備　こね　発酵

1 ミルクスティックパンの作り方1～9（P 11～12）の要領で生地を作り、発酵まで終えます。ちくわは切込みを入れて、穴の中に細切りにしたチーズを入れておきます。

成形

2 発酵を終えた生地を冷蔵庫から取り出し、めん棒で15cm×25cmくらいになるように伸ばし広げます。その後ピザカッターで長いスティックになるように約1cm幅にカットします。

3 ちくわの真ん中にカットした生地の真ん中を十字になるよう合わせて、片方ずつくるくる巻いて端を留めます。そうすると生地を均一に巻くことができます。オーブンシートの上に並べ、マヨネーズを絞り、パセリをふります。

焼成

4 ミルクスティックパンの作り方13（P 13）の要領で生地を焼成したら完成です。

ウィンナーロール

定番のウィンナーロールもスティックパンで作れば簡単です。
お好みで焼く前にケチャップを絞ってみてもいいですよ。

材料（約9～10本分）

- A
  - 国産強力粉…100g
  - きび砂糖…5g
  - 塩…1g
- B
  - 牛乳…50g
  - 水…20g
  - インスタントドライイースト…1g
- ウィンナー…8本

準備　こね　発酵

1 ミルクスティックパンの作り方1～9（P 11～12）の要領で生地を作り、発酵まで終えます。

成形

2 発酵を終えた生地を冷蔵庫から取り出し、めん棒で1辺20cmくらいの正方形になるように伸ばし広げます。その後ピザカッターで長いスティックになるように約1cm幅にカットします。

3 ちくわマヨロールと同様、ウィンナーの真ん中にカットした生地の真ん中を十字になるよう合わせて、片方ずつくるくる巻いて端を留め、オーブンシートの上に並べます。

焼成

4 ミルクスティックパンの作り方13（P 13）の要領で生地を焼成したら完成です。

column 2

小麦粉あれこれ

あなたのおうちにある小麦粉は何粉でしょうか？

お好み焼き、天ぷら、クッキー、ケーキなどに使える薄力粉を常備されている方は多いと思います。しかし、スティックパンのように、パンに主に使うのは強力粉です。薄力粉と強力粉は同じ小麦粉ですが、一体何が違うのでしょうか？

小麦粉には主に二つの分け方があります。

【1：タンパク質量による分け方】

タンパク質の量によって名称がかわります。タンパク質が一番少ないものが薄力粉、それから中力粉、準強力粉、強力粉と量が多くなっていきます。最近では最強力粉というタンパク質量がとても多い粉も販売されています。

小麦粉に含まれるタンパク質は水を加えてこねると、パンの粘りの元になるグルテンになります。ですから、タンパク質量が多い粉である強力粉がパンには向いています。薄力粉に同じだけの水分を足しても強力粉のようにかたまりにはならず、ホットケーキミックスをとかしたようなドロドロ状態のままです。

このグルテンができるというのが小麦粉の最大の特徴です。従って、粉類には米粉や片栗粉、ライ麦粉などもありますが、これらは水分を加えていくらこねてもグルテンは出ず、当然かたまりにはなりません。強力粉に混ぜて、いろいろな風味や食感を楽しむために使われることが多いです。

【2：等級による分け方】

小麦粉は収穫した麦の殻をとり、外皮を削って粉砕して作られます。その外皮をどれだけ削るかによって等級が決まります。特等粉から末粉まであります。少し前までは真っ白な粉が一番高級で好まれましたが、ここ最近では少し外皮が混ざっているものの方が栄養価が高いということで注目されています。

スーパーで粉を購入する際、銘柄が書かれていないものでもこの等級は書かれていることが多いです。通常、食品加工には、二等粉以上のものが用いられ、三等粉以下は、工業用に用いられることが多いようです。私は特等粉、一等粉を購入するようにしています。

また、お米にコシヒカリやササニシキといった銘柄があるのと同じように、小麦粉にも銘柄があります。パンやお菓子の材料店に行くと、強力粉だけでもどれを買おうか迷うくらいたくさん並んでいると思います。

銘柄の分け方は大きく二つ。国内産と海外産のものです。

国内産のものは、もちもちとした食感と噛んでいると甘みがでてくるという特徴があります。タンパク質量は海外産のものより少ないので、小ぶりのパンが焼けます。『はるゆたか』『春よ恋』などがこれにあたります。

レシピ通りに焼いているのに、「食パンが思ったより小さくなった！」という経験はありませんか？　もしかすると粉が関係しているかもしれません。

海外産の強力粉は大きく膨らむという特徴があるため、ホームベーカリーのレシピなどには『カメリヤ』『ゴールデンヨット』『スーパーキング』などと銘柄指定されていることが多いです。

2種類の粉を焼き比べると、焼き上がりの背の高さにかなりの差が出ます。どちらが良い、悪いではなく好みの問題です。ふわふわな食感が好き、どっしりが好き、甘みがあるのが好き、など好みがあると思います。どうぞいろいろな粉を試してお好みの粉を見つけてみてください。

収穫した時期によっても味が変わるため、私は何種類もの粉を一気にこねて焼き比べをして、粉の状態を確かめるなどしています。ちなみに、強力粉は『はるゆたかブレンド』、準強力粉は『リスドォル』が好きで使っています。

同じ強力粉でも銘柄によって膨らみや風味が違うことを知っていれば、パンによって使い分けることができますよ！

chapter 2

おかずスティックパン

25

くるみのライ麦スティックパン

独特の風味があるライ麦を使ったパンです。
甘くしたければ表面に砂糖をふったり、
ドライフルーツを併せて練り込んでも。

材料(約9〜10本分)

A
- 国産強力粉…80g
- ライ麦粉…20g
- きび砂糖…5g
- 塩…1g

B
- 水…65g
- インスタントドライイースト…1g

ローストしたくるみ…25g

※生くるみは160℃のオーブンで15分焼く。

準備

1
デジタルスケールで大きなボウルに材料Aをきっちり量り入れ、ゴムベラでよくかき混ぜます。

2
デジタルスケールで小さなボウルに材料Bをきっちり量り入れ、イーストを膨潤させます。かき混ぜる必要はありません。

こね

3
1に2を一気に入れ、ボウルの底から混ぜるようにして生地をまとめます。

4
状態が変わらなくなったら、ゴムベラの生地をきれいにとり、手でこねます。生地の水分が均一になったらこねは完了(目安2〜3分)。多少表面がぼこぼこしていても問題ありません。

5
4の生地にくるみを入れていきます。両面にまんべんなくくるみをつけたら、カードで生地を半分にカットして、片方の生地の上にもう片方を乗せて上から押します。この作業を何度か繰り返すと均等にくるみが入ります(写真a、b)。

発酵

6
生地を丸めて表面をピンと張ってから密閉容器に入れ、冷蔵庫に入れます。最低8時間は寝かせてください。1.5〜2倍に膨らんだらＯＫです。

成形

7
発酵を終えた生地を冷蔵庫から取り出し、めん棒で5㎜の厚さに伸ばし広げます。ピザカッターで1㎝幅にカットしたら、オーブンシートに並べます。

焼成

8
下記を参照して生地を焼きます。焼き上がったら十分に冷まし、すぐに食べない場合は、ビニル袋へ入れて密封してください。

・オーブントースター　予熱なし、1200Wで7分焼く
・魚焼きグリル　予熱なし、両面焼きなら中火で3分、片面焼きならひっくり返してもう3分焼く
・フライパン　予熱なし、弱火で7分焼く
※いずれも目安の時間です。

EN NORMANDIE
RUSTIQUE
Coulommiers
Jean Verrier
Fromager
LE RUSTIQUE

チーズスティックパン

パルメザンチーズが入っていて香ばしいです。
手軽ですが子どもにも大人にもウケが良い！
この生地をウィンナーに巻いても。

材料（約9〜10本分）

A
- 国産強力粉…100g
- きび砂糖…5g
- 塩…1g
- パルメザンチーズ…10g

B
- 牛乳…35g
- 水…30g
- インスタントドライイースト…1g

準備

1
デジタルスケールで大きなボウルに材料Aをきっちり量り入れ、ゴムベラでよくかき混ぜます（写真a）。

2
デジタルスケールで小さなボウルに材料Bをきっちり量り入れ、イーストを膨潤させます。かき混ぜる必要はありません（目安２〜３分）。

こね

3
１に２を一気に入れ、ボウルの底から混ぜるようにして生地をまとめます。

4
状態が変わらなくなったら、ゴムベラの生地をきれいにとり、手でこねます。生地の水分が均一になったらこねは完了（目安２〜3分）。多少表面がぼこぼこしていても問題ありません。

発酵

5
生地を丸めて表面をピンと張ってから密閉容器に入れ、冷蔵庫に入れます。最低8時間は寝かせてください。1.5〜2倍に膨らんだらＯＫです。

成形

6
発酵を終えた生地を冷蔵庫から取り出し、めん棒で5㎜の厚さに伸ばし広げます。ピザカッターで１㎝幅にカットしたら、オーブンシートに並べます。

焼成

7
下記を参照して生地を焼きます。焼き上がったら十分に冷まし、すぐに食べない場合は、ビニル袋へ入れて密封してください。

・オーブントースター　予熱なし、1200Wで7分焼く
・魚焼きグリル　予熱なし、両面焼きなら中火で3分、片面焼きならひっくり返してもう３分焼く
・フライパン　予熱なし、弱火で7分焼く
※いずれも目安の時間です。

a

ツナマヨスティックパン

生地の中にツナもマヨネーズも入れて焼くので、
食べるときに手が汚れない！
マヨネーズを練り込むと生地がふんわりします。

材料（約9〜10本分）

A
- 国産強力粉…100g
- きび砂糖…5g
- 塩…1g
- 乾燥パセリ…3g

B
- 牛乳…63g
- インスタントドライイースト…1g

マヨネーズ…5g
ツナ缶…30g　※絞っておく。

準備

1
デジタルスケールで大きなボウルに材料Aをきっちり量り入れ、ゴムベラでよくかき混ぜます。

2
デジタルスケールで小さなボウルに材料Bをきっちり量り入れ、イーストを膨潤させます。かき混ぜる必要はありません（目安２〜３分）。

こね

3
１に２を一気に入れ、ボウルの底から混ぜるようにして生地をまとめます。

4
状態が変わらなくなったら、ゴムベラの生地をきれいにとり、手でこねます。生地の水分が均一になったらこねは完了（目安２〜3分）。多少表面がぼこぼこしていても問題ありません。

5
４の生地にマヨネーズを入れていきます。生地の上にマヨネーズを乗せて、手で揉みこむようにします。生地に光沢がなくなるまで繰り返してください（写真a、b）。

6
５の生地にツナを入れていきます。両面にまんべんなくツナをまぶしたら、カードで生地を半分にカットして、片方の生地の上にもう片方を乗せて上から押します。この作業を何度か繰り返すと均等にツナが入ります（写真c、d）。

発酵

7
生地を丸めて表面をピンと張ってから密閉容器に入れ、冷蔵庫に入れます。最低8時間は寝かせてください。1.5〜2倍に膨らんだらＯＫです。

成形

8
発酵を終えた生地を冷蔵庫から取り出し、めん棒で5㎜ の厚さに伸ばし広げます。ピザカッターで１㎝ 幅にカットしたら、オーブンシートに並べます。

焼成

9
下記を参照して生地を焼きます。焼き上がったら十分に冷まし、すぐに食べない場合は、ビニル袋へ入れて密封してください。

・オーブントースター　予熱なし、1200Wで7分焼く
・魚焼きグリル　予熱なし、両面焼きなら中火で3分、片面焼きならひっくり返してもう3分焼く
・フライパン　予熱なし、弱火で7分焼く
※いずれも目安の時間です。

Wセサミスティックパン

白ごま・黒ごまがダブルで入っています。
太目にカットして焼き、切れ目を入れたら
サンドイッチ用のパンにもピッタリです。

材料(約9〜10本分)

A
- 国産強力粉…100g
- きび砂糖…5g
- 塩…1g
- 白ごま・黒ごま…小さじ1ずつ

B
- 水…65g
- インスタントドライイースト…1g

トッピング用白ごま・黒ごま…適量

準備

1
デジタルスケールで大きなボウルに材料Aをきっちり量り入れ、ゴムベラでよくかき混ぜます(写真a)。

2
デジタルスケールで小さなボウルに材料Bをきっちり量り入れ、イーストを膨潤させます。かき混ぜる必要はありません(目安2〜3分)。

こね

3
1に2を一気に入れ、ボウルの底から混ぜるようにして生地をまとめます。

4
状態が変わらなくなったら、ゴムベラの生地をきれいにとり、手でこねます。生地の水分が均一になったらこねは完了(目安2〜3分)。多少表面がぼこぼこしていても問題ありません。

発酵

5
生地を丸めて表面をピンと張ってから密閉容器に入れ、冷蔵庫に入れます。最低8時間は寝かせてください。1.5〜2倍に膨らんだらOKです。

成形

6
発酵を終えた生地を冷蔵庫から取り出し、めん棒で5㎜の厚さに伸ばし広げます。ピザカッターで1㎝幅にカットしたら、オーブンシートに並べ、トッピング用のごまを表面につけます。

焼成

7
下記を参照して生地を焼きます。焼き上がったら十分に冷まし、すぐに食べない場合は、ビニル袋へ入れて密封してください。

・オーブントースター　予熱なし、1200Wで7分焼く
・魚焼きグリル　予熱なし、両面焼きなら中火で3分、片面焼きならひっくり返してもう3分焼く
・フライパン　予熱なし、弱火で7分焼く
※いずれも目安の時間です。

a

全粒粉スティックパン

栄養価の高いふすま（＝ブラン）や胚芽をまるごと挽いた
全粒粉を使いました。粉の味わいが強いので、
シチューなどこっくりした味のものにピッタリ！

材料（約9～10本分）

A
- 国産強力粉…70g
- 国産強力粉石臼挽き全粒粉…30g
- きび砂糖…5g
- 塩…1g

B
- 牛乳…45g
- 水…20g
- インスタントドライイースト…1g

準備

1
デジタルスケールで大きなボウルに材料Aをきっちり量り入れ、ゴムベラでよくかき混ぜます（写真a）。

2
デジタルスケールで小さなボウルに材料Bをきっちり量り入れ、イーストを膨潤させます。かき混ぜる必要はありません（目安2～3分）。

こね

3
1に2を一気に入れ、ボウルの底から混ぜるようにして生地をまとめます。

4
状態が変わらなくなったら、ゴムベラの生地をきれいにとり、手でこねます。生地の水分が均一になったらこねは完了（目安2～3分）。多少表面がぼこぼこしていても問題ありません。

発酵

5
生地を丸めて表面をピンと張ってから密閉容器に入れ、冷蔵庫に入れます。最低8時間は寝かせてください。1.5～2倍に膨らんだらＯＫです。

成形

6
発酵を終えた生地を冷蔵庫から取り出し、めん棒で5㎜の厚さに伸ばし広げます。ピザカッターで1㎝幅にカットしたら、オーブンシートに並べます。

焼成

7
下記を参照して生地を焼きます。焼き上がったら十分に冷まし、すぐに食べない場合は、ビニル袋へ入れて密封してください。

・オーブントースター　予熱なし、1200Wで7分焼く
・魚焼きグリル　予熱なし、両面焼きなら中火で3分、片面焼きならひっくり返してもう3分焼く
・フライパン　予熱なし、弱火で7分焼く
※いずれも目安の時間です。

和風ねぎごまスティックパン

万能ねぎとごまを生地に練り込み和風に仕上げたパン。
お味噌汁にもよく合います。
ねぎの水分が入るので、少し固めの生地にしてあります。

材料(約9〜10本分)
A | 国産強力粉…100g
  | きび砂糖…5g
  | 塩…1g
B | 水…62g
  | インスタントドライイースト…1g
万能ねぎ…大さじ3
※小口切りにしておく。冷凍のものでもOK。
白ごま…小さじ1

準備

1
デジタルスケールで大きなボウルに材料Aをきっちり量り入れ、ゴムベラでよくかき混ぜます(白ごまはAと一緒に混ぜておいても構いません)。

2
デジタルスケールで小さなボウルに材料Bをきっちり量り入れ、イーストを膨潤させます。かき混ぜる必要はありません(目安2〜3分)。

こね

3
1に2を一気に入れ、ボウルの底から混ぜるようにして生地をまとめます。

4
状態が変わらなくなったら、ゴムベラの生地をきれいにとり、手でこねます。生地の水分が均一になったらこねは完了(目安2〜3分)。多少表面がぼこぼこしていても問題ありません。

5
4の生地に万能ねぎとごまを入れていきます。両面にまんべんなく具をつけたら、カードで生地を半分にカットして、片方の生地の上にもう片方を乗せて上から押します。この作業を何度か繰り返すと均等に具が入ります(写真a、b)。

発酵

6
生地を丸めて表面をピンと張ってから密閉容器に入れ、冷蔵庫に入れます。最低8時間は寝かせてください。1.5〜2倍に膨らんだらOKです。

成形

7
発酵を終えた生地を冷蔵庫から取り出し、めん棒で5㎜の厚さに伸ばし広げます。ピザカッターで1㎝幅にカットしたら、オーブンシートに並べます。仕上げに薄く醤油をスプーンで塗ってもOK。

焼成

8
下記を参照して生地を焼きます。焼き上がったら十分に冷まし、すぐに食べない場合は、ビニル袋へ入れて密封してください。

・オーブントースター　予熱なし、1200Wで7分焼く
・魚焼きグリル　予熱なし、両面焼きなら中火で3分、片面焼きならひっくり返してもう3分焼く
・フライパン　予熱なし、弱火で7分焼く
※いずれも目安の時間です。

a

b

もちもちご飯スティックパン

ご飯を入れることで生地の甘みが増し、
もちっとした食感になります。
カットしないで焼けばお手軽ナンに！

材料（約9〜10本分）

A｜国産強力粉…100g
　｜きび砂糖…5g
　｜塩…1g

B｜牛乳…50g
　｜水…20g
　｜インスタントドライイースト…1g

ごま油…3g
冷ご飯…30g

※炊きたてのご飯は冷ましてから使ってください。熱々だと、イーストが死んでしまいます。

準備

1
デジタルスケールで大きなボウルに材料Aをきっちり量り入れ、ゴムベラでよくかき混ぜます。

2
デジタルスケールで小さなボウルに材料Bをきっちり量り入れ、イーストを膨潤させせます。かき混ぜる必要はありません（目安２〜３分）。

こね

3
１に２を一気に入れ、ボウルの底から混ぜるようにして生地をまとめます。

4
状態が変わらなくなったら、ゴムベラの生地をきれいにとり、手でこねます。生地の水分が均一になったらこねは完了（目安２〜3分）。多少表面がぼこぼこしていても問題ありません。

5
４の生地にごま油を入れていきます。生地の上にごま油を垂らし、手で揉みこむようにします。生地に光沢がなくなるまで繰り返してください。

6
５の生地に冷ご飯を入れていきます。両面にまんべんなくご飯をつけたら、カードで生地を半分にカットして、片方の生地の上にもう片方を乗せて上から押します。この作業を何度か繰り返すと均等にご飯が入ります（写真a、b）。

発酵

7
生地を丸めて表面をピンと張ってから密閉容器に入れ、冷蔵庫に入れます。最低8時間は寝かせてください。1.5〜2倍に膨らんだらＯＫです。

成形

8
発酵を終えた生地を冷蔵庫から取り出し、めん棒で5㎜の厚さに伸ばし広げます。ピザカッターで１㎝幅にカットしたら、オーブンシートに並べます。

焼成

9
下記を参照して生地を焼きます。焼き上がったら十分に冷まし、すぐに食べない場合は、ビニル袋へ入れて密封してください。

・オーブントースター　予熱なし、1200Wで7分焼く
・魚焼きグリル　予熱なし、両面焼きなら中火で3分、片面焼きならひっくり返してもう3分焼く
・フライパン　予熱なし、弱火で7分焼く
※いずれも目安の時間です。

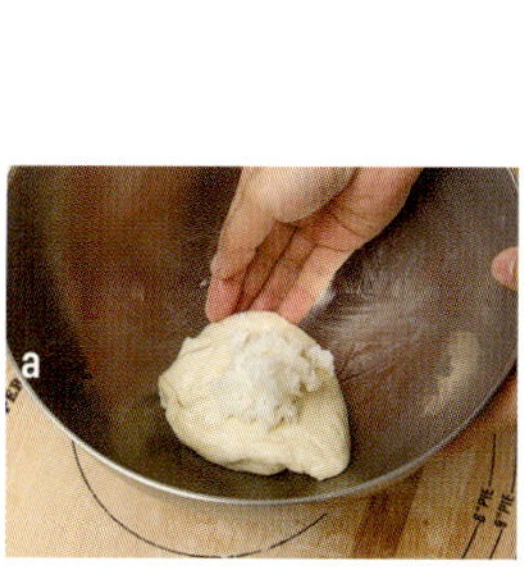

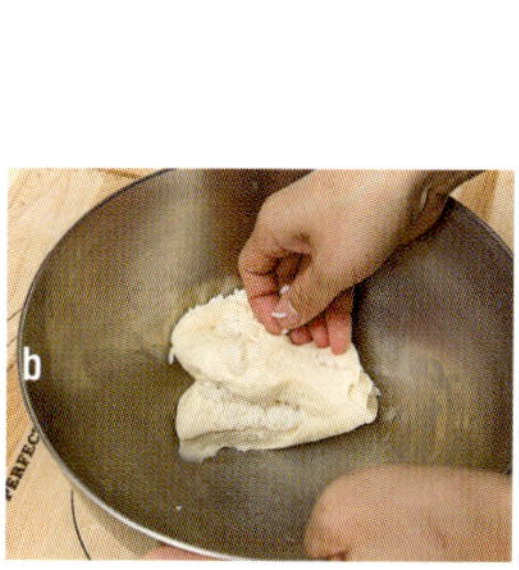

スティックマルゲリータ

トマトを練り込んだ生地に、モッツァレラチーズと
生のバジルを入れて焼きました。
一口食べるとジューシーなトマトの風味が広がります。

材料（約9〜10本分）

A
- 国産強力粉…100g
- 塩…1g

B
- カットトマト缶…70g
  ※水分も一緒に。無塩のトマトジュース70gでも代用可。
- インスタントドライイースト…1g

オリーブオイル…5g
モッツァレラチーズ…30g
※さいの目切りにしておく。
生のバジル…3枚程度　※ちぎっておく。

準備

1
デジタルスケールで大きなボウルに材料Aをきっちり量り入れ、ゴムベラでよくかき混ぜます。

2
デジタルスケールで小さなボウルに材料Bをきっちり量り入れ、イーストを膨潤させます。かき混ぜる必要はありません（目安２〜３分）。

こね

3
１に２を一気に入れ、ボウルの底から混ぜるようにして生地をまとめます。

4
状態が変わらなくなったら、ゴムベラの生地をきれいにとり、手でこねます。生地の水分が均一になったらこねは完了（目安２〜3分）。多少表面がぼこぼこしていても問題ありません。

5
４の生地にオリーブオイルを入れていきます。生地の上にオリーブオイルを垂らし、手で揉みこむようにします。生地に光沢がなくなるまで繰り返してください（写真ａ〜c）。

6
５の生地にモッツァレラチーズとバジルを入れていきます。両面にまんべんなく具をつけたら、カードで生地を半分にカットして、片方の生地の上にもう片方を乗せて上から押します。この作業を何度か繰り返すと均等に具が入ります（写真ｄ）。

発酵

7
生地を丸めて表面をピンと張ってから密閉容器に入れ、冷蔵庫に入れます。最低8時間は寝かせてください。1.5〜2倍に膨らんだらＯＫです。

成形

8
発酵を終えた生地を冷蔵庫から取り出し、めん棒で5㎜の厚さに伸ばし広げます。ピザカッターで１㎝幅にカットしたら、オーブンシートに並べます。

焼成

9
下記を参照して生地を焼きます。焼き上がったら十分に冷まし、すぐに食べない場合は、ビニル袋へ入れて密封してください。

・オーブントースター　予熱なし、1200Wで7分焼く
・魚焼きグリル　予熱なし、両面焼きなら中火で3分、片面焼きならひっくり返してもう3分焼く
・フライパン　予熱なし、弱火で7分焼く
※いずれも目安の時間です。

a

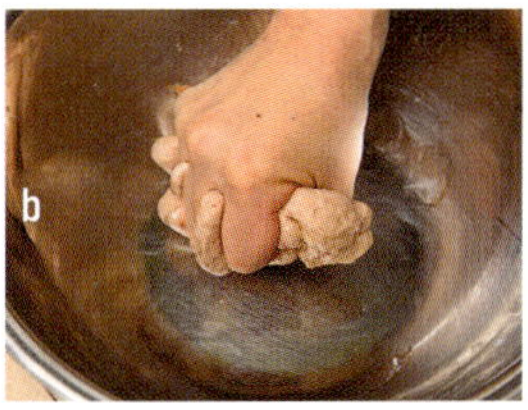
b

c

d

カレースティックパン

給食でも子どもたちに大人気のメニュー、
カレーをスティックパンにしちゃいました！
ピザ用チーズを乗せても。

材料(約9〜10本分)

A
- 国産強力粉…100g
- きび砂糖…5g
- 塩…1g
- カレー粉…2g

B
- 牛乳…35g
- 水…30g
- インスタントドライイースト…1g

オリーブオイル…5g
ベーコン…1枚　※細切りにしておく。

準備

1
デジタルスケールで大きなボウルに材料Aをきっちり量り入れ、ゴムベラでよくかき混ぜます。

2
デジタルスケールで小さなボウルに材料Bをきっちり量り入れ、イーストを膨潤させます。かき混ぜる必要はありません(目安2〜3分)。

こね

3
1に2を一気に入れ、ボウルの底から混ぜるようにして生地をまとめます。

4
状態が変わらなくなったら、ゴムベラの生地をきれいにとり、手でこねます。生地の水分が均一になったらこねは完了(目安2〜3分)。多少表面がぼこぼこしていても問題ありません。

5
4の生地にオリーブオイルを入れていきます。生地の上にオリーブオイルを垂らし、手で揉みこむようにします。生地に光沢がなくなるまで繰り返してください。

6
5の生地にベーコンを入れていきます。両面にまんべんなくベーコンをつけたら、カードで生地を半分にカットして、片方の生地の上にもう片方を乗せて上から押します。この作業を何度か繰り返すと均等にベーコンが入ります(写真a、b)。

発酵

7
生地を丸めて表面をピンと張ってから密閉容器に入れ、冷蔵庫に入れます。最低8時間は寝かせてください。1.5〜2倍に膨らんだらOKです。

成形

8
発酵を終えた生地を冷蔵庫から取り出し、めん棒で5㎜の厚さに伸ばし広げます。ピザカッターで1㎝幅にカットしたら、オーブンシートに並べます。

焼成

9
下記を参照して生地を焼きます。焼き上がったら十分に冷まし、すぐに食べない場合は、ビニル袋へ入れて密封してください。

・オーブントースター　予熱なし、1200Wで7分焼く
・魚焼きグリル　予熱なし、両面焼きなら中火で3分、片面焼きならひっくり返してもう3分焼く
・フライパン　予熱なし、弱火で7分焼く
※いずれも目安の時間です。

野菜ジューススティックパン

野菜を食べたいけれど毎日準備するのは大変という方へ。
野菜ジュースを練り込んだ
砂糖を入れないレシピで手軽に摂取。

材料(約9～10本分)

A
- 国産強力粉…100g
- 塩…1g

B
- 野菜ジュース…70g
  ※レシピは人参ベースの野菜ジュースですが、お好みのジュースでOKです。青汁などでも美味しく焼けます。
- インスタントドライイースト…1g

準備

1
デジタルスケールで大きなボウルに材料Aをきっちり量り入れ、ゴムベラでよくかき混ぜます。

2
デジタルスケールで小さなボウルに材料Bをきっちり量り入れ、イーストを膨潤させます。かき混ぜる必要はありません(目安2～3分)。

こね

3
1に2を一気に入れ、ボウルの底から混ぜるようにして生地をまとめます。

4
状態が変わらなくなったら、ゴムベラの生地をきれいにとり、手でこねます。生地の水分が均一になったらこねは完了(目安2～3分)。多少表面がぼこぼこしていても問題ありません。

発酵

5
生地を丸めて表面をピンと張ってから密閉容器に入れ、冷蔵庫に入れます。最低8時間は寝かせてください。1.5～2倍に膨らんだらＯＫです。

成形

6
発酵を終えた生地を冷蔵庫から取り出し、めん棒で5㎜の厚さに伸ばし広げます。ピザカッターで1㎝幅にカットしたら、オーブンシートに並べます。

焼成

7
下記を参照して生地を焼きます。焼き上がったら十分に冷まし、すぐに食べない場合は、ビニル袋へ入れて密封してください。

・オーブントースター　予熱なし、1200Wで7分焼く
・魚焼きグリル　予熱なし、両面焼きなら中火で3分、片面焼きならひっくり返してもう3分焼く
・フライパン　予熱なし、弱火で7分焼く
※いずれも目安の時間です。

column 3

普段使う食材のこと

子どもを持ってから、食材や産地に気をつかうようになったというママは多いのではないでしょうか。minnaの生徒さんたちにも、子どもの口に入るものにはこだわっている方が多くいらっしゃいます。

そんなママたちが安心して子どもに食べさせられる手作りのパンを、毎日簡単に作れるようにと考案したのがスティックパンですが、私自身がパン作りや料理をするうえで気をつけているのは、調味料は良い物をそろえるということです。お肉やお魚にこだわりだせばお金がかかりますが、調味料であればこだわったところで高が知れています。

パン作りに使う材料では、強力粉は前述しました『はるゆたかブレンド』のほか、『キタノカオリ』が好きで使うことが多いです。また塩も使い続けると微妙な違いが出てきます。フランス産のゲランドの塩や沖縄産のシママースが気に入っています。砂糖はなるべく減らしたい材料ですが、イーストの発酵を促進するなど、大きな役割があります。私はきび砂糖や粗製糖を使っています。油脂はパンに絶対に必要な材料ではないので、極力使いません。以前はショートニングを使ったふわふわのパンを焼くこともありましたが、子どもができてからは全く使わなくなりました。油脂を使うとふわっとボリュームが出るパンになるため子どもには人気なのですが、あごの発育のためにもよく噛んでほしいという気持ちもあって、私のパンはふわふわよりももっちりしたものが多いです。

たまにメロンパンなどの甘いパンが食べたいと思うときは、口どけを良くするためにバターを使います。甘い物が食べたい時はバターや砂糖を減らした「なんとなく甘いパン」ではなく、きちんと甘いパンを焼いて食べるようにしています。だらだらたくさん「なんとなく甘いパン」を食べるよりも少量で済む気がしています。毎日たくさん食べるのでなければ、たまには食べたいものを食べる楽しみもいいと思っています。

その他の油脂としては、オリーブオイルを使うことがありますが、なるべく小さな瓶で買うようにして酸化しないうちに使い切ることを意識しています。

野菜は鮮度の高い地元のものが手に入るので、なるべく地元の野菜を摂るようにしています。毎日きっちり献立をたてて、栄養価の高い手間ひまかけた料理を作ってあげられたらいいのですが、忙しいときはなかなかそこまで手が回りませんよね。でも、パンとサラダと野菜のポタージュスープがあれば立派な一食になりますよ。

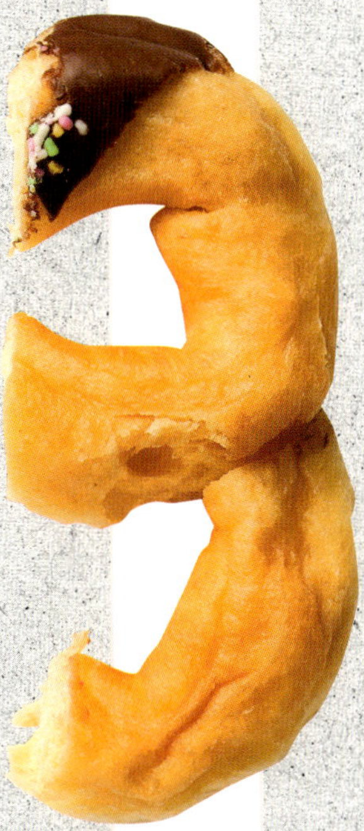

chapter 3

おやつスティックパン

チョコチップスティックパン

ココア生地にチョコチップを入れた
人気のスティックパン。1歳前後の小さなお子様には
チョコチップをレーズンに代えて。

材料（約9〜10本分）

A
- 国産強力粉…100g
- きび砂糖…8g
- 塩…1g
- ココアパウダー…3g

B
- 牛乳…50g
- 水…20g
- インスタントドライイースト…1g

無塩バター…5g　※室温に戻しておく。
チョコチップ…30g

準備

1
デジタルスケールで大きなボウルに材料Aをきっちり量り入れ、ゴムベラでよくかき混ぜます。

2
デジタルスケールで小さなボウルに材料Bをきっちり量り入れ、イーストを膨潤させます。かき混ぜる必要はありません（目安2〜3分）。

こね

3
1に2を一気に入れ、ボウルの底から混ぜるようにして生地をまとめます。

4
状態が変わらなくなったら、ゴムベラの生地をきれいにとり、手でこねます。生地の水分が均一になったらこねは完了（目安2〜3分）。多少表面がぼこぼこしていても問題ありません。

5
4の生地にバターを入れていきます。生地の上にバターを置き、手で生地ごと握りつぶすようにして揉みこみます。生地に光沢がなくなるまで繰り返してください（写真a〜c）。

6
5の生地にチョコチップを入れていきます。両面にまんべんなくチョコチップをつけたら、カードで生地を半分にカットして、片方の生地の上にもう片方を乗せて上から押します。この作業を何度か繰り返すと均等にチョコチップが入ります（写真d、e）。

発酵

7
生地を丸めて表面をピンと張ってから密閉容器に入れ、冷蔵庫に入れます。最低8時間は寝かせてください。1.5〜2倍に膨らんだらＯＫです。

成形

8
発酵を終えた生地を冷蔵庫から取り出し、めん棒で5㎜の厚さに伸ばし広げます。ピザカッターで1㎝幅にカットしたら、オーブンシートに並べます。

焼成

9
下記を参照して生地を焼きます。焼き上がったら十分に冷まし、すぐに食べない場合は、ビニル袋へ入れて密封してください。

・オーブントースター　予熱なし、1200Wで7分焼く
・魚焼きグリル　予熱なし、両面焼きなら中火で3分、片面焼きならひっくり返してもう3分焼く
・フライパン　予熱なし、弱火で7分焼く
※いずれも目安の時間です。

a

b

c

d

e

いちごミルクスティックパン

冷蔵庫に残っているジャムを使ってください。
いちごのほかにもマーマレードや
ブルーベリージャムもおススメです。

材料(約9〜10本分)

A
- 国産強力粉…80g
- 国産薄力粉…20g
- 塩…1g

B
- いちごジャム…30g
  ※糖度45度のジャムを使用。いちご以外にいろいろなジャムを使うことも可能。
- 牛乳…60g
- インスタントドライイースト…1g

無塩バター…5g　※室温に戻しておく。

準備

1
デジタルスケールで大きなボウルに材料Aをきっちり量り入れ、ゴムベラでよくかき混ぜます。

2
デジタルスケールで小さなボウルにいちごジャムと牛乳を量り入れたら均一に混ぜます。イーストを量り入れ、膨潤させます。かき混ぜる必要はありません(目安2〜3分)。

こね

3
1に2を一気に入れ、ボウルの底から混ぜるようにして生地をまとめます。

4
状態が変わらなくなったら、ゴムベラの生地をきれいにとり、手でこねます。生地の水分が均一になったらこねは完了(目安2〜3分)。多少表面がぼこぼこしていても問題ありません。

5
4の生地にバターを入れていきます。生地の上にバターを置き、手で生地ごと握りつぶすようにして揉みこみます。生地に光沢がなくなるまで繰り返してください(写真a)。

発酵

6
生地を丸めて表面をピンと張ってから密閉容器に入れ、冷蔵庫に入れます。最低8時間は寝かせてください。1.5〜2倍に膨らんだらOKです。

成形

7
発酵を終えた生地を冷蔵庫から取り出し、めん棒で5㎜の厚さに伸ばし広げます。ピザカッターで1㎝幅にカットしたら、何回かねじってからオーブンシートに並べます(写真b)。

焼成

8
下記を参照して生地を焼きます。焼き上がったら十分に冷まし、すぐに食べない場合は、ビニル袋へ入れて密封してください。

・オーブントースター　予熱なし、1200Wで7分焼く
・魚焼きグリル　予熱なし、両面焼きなら中火で3分、片面焼きならひっくり返してもう3分焼く
・フライパン　予熱なし、弱火で7分焼く
※いずれも目安の時間です。

スティックあんぱん

あんを包む形だと、あんの水分量に注意が必要ですが、
挟むだけなのでさほど気にしなくて大丈夫。
見た目もかわいく、作るのも気楽なあんぱんです。

材料（約6〜7本分）

A
- 国産強力粉…100g
- きび砂糖…7g
- 塩…1g

B
- 牛乳…50g
- 水…20g
- インスタントドライイースト…1g

無塩バター…5g　※室温に戻しておく。
トッピング用黒ごま…適量

〈フィリング〉
粒あん…100g

準備

1
デジタルスケールで大きなボウルに材料Aをきっちり量り入れ、ゴムベラでよくかき混ぜます。

2
デジタルスケールで小さなボウルに材料Bをきっちり量り入れ、イーストを膨潤させます。かき混ぜる必要はありません（目安２〜３分）。

こね

3
１に２を一気に入れ、ボウルの底から混ぜるようにして生地をまとめます。

4
状態が変わらなくなったら、ゴムベラの生地をきれいにとり、手でこねます。生地の水分が均一になったらこねは完了（目安２〜3分）。多少表面がぼこぼこしていても問題ありません。

5
４の生地にバターを入れていきます。生地の上にバターを置き、手で生地ごと握りつぶすようにします。生地に光沢がなくなるまで繰り返してください（写真ａ〜c）。

発酵

6
生地を丸めて表面をピンと張ってから密閉容器に入れ、冷蔵庫に入れます。最低8時間は寝かせてください。1.5〜2倍に膨らんだらＯＫです。

成形

7
発酵を終えた生地を冷蔵庫から取り出し、めん棒で5㎜ の厚さに伸ばし広げ、生地の半分にあんを均一に塗ります（写真ｄ）。

8
あんをはさむように生地を折り、上から少し押さえます。ピザカッターで幅2㎝ にカットして、オーブンシートに並べ、黒ごまを飾ります（写真ｅ〜g）。

焼成

9
下記を参照して生地を焼きます。焼き上がったら十分に冷まし、すぐに食べない場合は、ビニル袋へ入れて密封してください。

・オーブントースター　予熱なし、1200Wで７分焼く
・魚焼きグリル　予熱なし、両面焼きなら中火で3分、片面焼きならひっくり返してもう３分焼く
・フライパン　予熱なし、弱火で７分焼く
※いずれも目安の時間です。

a

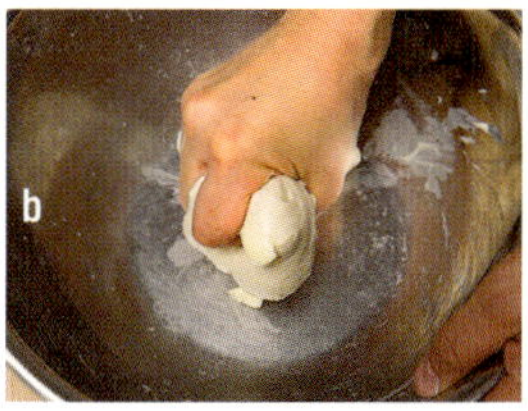
b

c

d

e

f

g

メープルスティックパン

砂糖を使わない、優しい甘さのスティックパンです。
焼く前に表面にもメープルシロップを塗るので
ほんのり香りが残ります。

材料(約9〜10本分)

A
- 国産強力粉…80g
- 国産薄力粉…20g
- 塩…1g

B
- 牛乳…45g
- 水…10g
- メープルシロップ…20g
- インスタントドライイースト…1g

無塩バター…5g　※室温に戻しておく。
トッピング用メープルシロップ…適量

準備

1
デジタルスケールで大きなボウルに材料Aをきっちり量り入れ、ゴムベラでよくかき混ぜます。

2
デジタルスケールで小さなボウルに材料Bをきっちり量り入れ、イーストを膨潤させます。かき混ぜる必要はありません(目安２〜３分)。

こね

3
１に２を一気に入れ、ボウルの底から混ぜるようにして生地をまとめます。

4
状態が変わらなくなったら、ゴムベラの生地をきれいにとり、手でこねます。生地の水分が均一になったらこねは完了(目安２〜3分)。多少表面がぼこぼこしていても問題ありません。

5
４の生地にバターを入れていきます。生地の上にバターを置き、手で生地ごと握りつぶすようにします。生地に光沢がなくなるまで繰り返してください。

発酵

6
生地を丸めて表面をピンと張ってから密閉容器に入れ、冷蔵庫に入れます。最低8時間は寝かせてください。1.5〜2倍に膨らんだらＯＫです。

成形

7
発酵を終えた生地を冷蔵庫から取り出し、めん棒で5㎜の厚さに伸ばし広げます。ピザカッターで１㎝幅にカットしたら、オーブンシートに並べます。表面にスプーンでメープルシロップを塗ります(写真a)。

焼成

8
下記を参照して生地を焼きます。焼き上がったら十分に冷まし、すぐに食べない場合は、ビニル袋へ入れて密封してください。

・オーブントースター　予熱なし、1200Wで７分焼く
・魚焼きグリル　予熱なし、両面焼きなら中火で3分、片面焼きならひっくり返してもう３分焼く
・フライパン　予熱なし、弱火で７分焼く
※いずれも目安の時間です。

さわやかりんごスティックパン

りんごを入れたパンです。通常りんごは煮て
生地に入れることが多いですが、こちらは生のまま
さいの目切りにしたものを入れているのでお手軽です。

材料(約9〜10本分)

A | 国産強力粉…100g
  | 塩…1g

B | りんごジュース…50g
  | インスタントドライイースト…1g

りんご…50g
※5㎜くらいのさいの目切りにしておく。

準備

1
デジタルスケールで大きなボウルに材料Aをきっちり量り入れ、ゴムベラでよくかき混ぜます。

2
デジタルスケールで小さなボウルに材料Bをきっちり量り入れ、イーストを膨潤させます。かき混ぜる必要はありません(目安2〜3分)。

こね

3
1に2を一気に入れ、ボウルの底から混ぜるようにして生地をまとめます。

4
状態が変わらなくなったら、ゴムベラの生地をきれいにとり、手でこねます。生地の水分が均一になったらこねは完了(目安2〜3分)。多少表面がぼこぼこしていても問題ありません。

5
4の生地にりんごを入れていきます。両面にまんべんなくりんごをつけたら、カードで生地を半分にカットして、片方の生地の上にもう片方を乗せて上から押します。この作業を何度か繰り返すと均等にりんごが入ります。あまり生地を押すとりんごの汁が出て生地が緩くなり、発酵後、成形しづらくなるので注意が必要です(写真a〜c)。

発酵

6
生地を丸めて表面をピンと張ってから密閉容器に入れ、冷蔵庫に入れます。最低8時間は寝かせてください。1.5〜2倍に膨らんだらOKです。

成形

7
発酵を終えた生地を冷蔵庫から取り出し、めん棒で5㎜の厚さに伸ばし広げます。ピザカッターで1㎝幅にカットしたら、オーブンシートに並べます。

焼成

8
下記を参照して生地を焼きます。焼き上がったら十分に冷まし、すぐに食べない場合は、ビニル袋へ入れて密封してください。

・オーブントースター　予熱なし、1200Wで7分焼く
・魚焼きグリル　予熱なし、両面焼きなら中火で3分、片面焼きならひっくり返してもう3分焼く
・フライパン　予熱なし、弱火で7分焼く
※いずれも目安の時間です。

スティックスイートブール

ふんわり甘い生地に、さらにパウンドケーキ生地をかけて焼く
スイートブールのスティックパンです。
小さな子どももこぼさずに食べられて、おやつにピッタリ。

材料(約9〜10本分)

A
- 国産強力粉…100g
- きび砂糖…5g
- 塩…1g

B
- 牛乳…50g
- 水…20g
- インスタントドライイースト…1g

無塩バター…5g　※室温に戻しておく。

〈パウンドケーキ生地〉
薄力粉…50g
無塩バター…50g
グラニュー糖…50g
全卵…30g
バニラオイル…数滴

準備

1
デジタルスケールで大きなボウルに材料Aをきっちり量り入れ、ゴムベラでよくかき混ぜます。

2
デジタルスケールで小さなボウルに材料Bをきっちり量り入れ、イーストを膨潤させます。かき混ぜる必要はありません(目安2〜3分)。

こね

3
1に2を一気に入れ、ボウルの底から混ぜるようにして生地をまとめます。

4
状態が変わらなくなったら、ゴムベラの生地をきれいにとり、手でこねます。生地の水分が均一になったらこねは完了(目安2〜3分)。多少表面がぼこぼこしていても問題ありません。

5
4の生地にバターを入れていきます。生地の上にバターを置き、手で生地ごと握りつぶすようにします。生地に光沢がなくなるまで繰り返してください(写真a〜c)。

発酵

6
生地を丸めて表面をピンと張ってから密閉容器に入れ、冷蔵庫に入れます。最低8時間は寝かせてください。1.5〜2倍に膨らんだらOKです。

成形

7
発酵を終えた生地を冷蔵庫から取り出し、めん棒で5㎜の厚さに伸ばし広げます。ピザカッターで1㎝幅にカットしたら、オーブンシートに並べます。パウンドケーキ生地をビニル袋に入れて端をカットし、パン生地の上に絞ります(写真d)。

焼成

8
下記を参照して生地を焼きます。焼き上がったら十分に冷まし、すぐに食べない場合は、ビニル袋へ入れて密封してください。

・オーブントースター　予熱なし、1200Wで7分焼く
・魚焼きグリル　予熱なし、両面焼きなら中火で3分、片面焼きならひっくり返してもう3分焼く
・フライパン　予熱なし、弱火で7分焼く
※いずれも目安の時間です。

〈パウンドケーキ生地　作り方〉

1
泡立て器でバターをクリーム状になるまで混ぜます(写真e)。

2
グラニュー糖を3回に分けて混ぜ、さらに溶き卵を少量ずつ加えて混ぜます。バニラオイルも入れます(写真f)。

3
薄力粉を入れ、ゴムベラで切るようにさっくりと混ぜます。生地がまとまったら完成です(写真g)。

4
生地を厚めのビニル袋に入れておきます。コップを使うと入れやすいです(写真h)。
※生地は3日程度冷蔵庫で保存できますが、早めに使い切ってください。

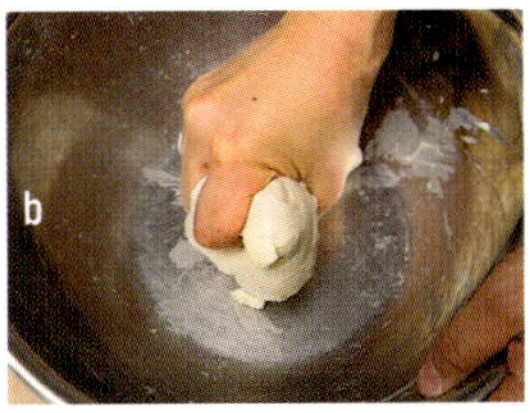

パウンドケーキ生地

スティックメロンパン

あのメロンパンがスティックパンに！
クッキー生地を乗せるだけだから、作るのも簡単！
パーティにも喜ばれます☆

材料（約7〜8本分）

A
- 国産強力粉…100g
- きび砂糖…5g
- 塩…1g

B
- 牛乳…50g
- 水…20g
- インスタントドライイースト…1g

無塩バター…5g　※室温に戻しておく。

〈クッキー生地〉

薄力粉…100g
無塩バター…45g
グラニュー糖…45g
全卵…23g
バニラオイル…数滴

準備

1
デジタルスケールで大きなボウルに材料Aをきっちり量り入れ、ゴムベラでよくかき混ぜます。

2
デジタルスケールで小さなボウルに材料Bをきっちり量り入れ、イーストを膨潤させます。かき混ぜる必要はありません（目安２〜３分）。

こね

3
１に２を一気に入れ、ボウルの底から混ぜるようにして生地をまとめます。

4
状態が変わらなくなったら、ゴムベラの生地をきれいにとり、手でこねます。生地の水分が均一になったらこねは完了（目安２〜3分）。多少表面がぼこぼこしていても問題ありません。

5
４の生地にバターを入れていきます。生地の上にバターを置き、手で生地ごと握りつぶすようにします。生地に光沢がなくなるまで繰り返してください（写真ａ〜c）。

発酵

6
生地を丸めて表面をピンと張ってから密閉容器に入れ、冷蔵庫に入れます。最低8時間は寝かせてください。1.5〜2倍に膨らんだらＯＫです。

成形

7
発酵を終えた生地を冷蔵庫から取り出し、打ち粉をしてからめん棒で5㎜の厚さに伸ばし広げます。クッキー生地も5㎜の厚さでパン生地より一回り大きいくらいに伸ばし広げ、パン生地の上に重ねて、少し手で押さえるようにします。作業中に台にくっつきやすいので、打ち粉が必須です。

8
パン生地に合わせて余分なクッキー生地をピザカッターでカットします（写真ｄ）。

9
ピザカッターで格子状の模様を付けていきます。切ってしまわないように注意してください。その後ピザカッターで2㎝幅にカットし、オーブンシートの上に並べます（写真e）。

焼成

10
下記を参照して生地を焼きます。焼き上がったら十分に冷まし、すぐに食べない場合は、ビニル袋へ入れて密封してください。

・オーブントースター　予熱なし、1200Wで7分焼く
・魚焼きグリル　予熱なし、両面焼きなら中火で3分、片面焼きならひっくり返してもう3分焼く
・フライパン　予熱なし、弱火で7分焼く
※いずれも目安の時間です。

〈クッキー生地　作り方〉

1
泡立て器でバターをクリーム状になるまで混ぜます（写真ｆ）。

2
グラニュー糖を３回に分けて混ぜ、さらに溶き卵を少量ずつ加えて混ぜます。バニラオイルも入れます（写真ｇ）。

3
薄力粉を入れ、ゴムベラで切るようにさっくりと混ぜます。生地がまとまったら完成です（写真ｈ）。ラップにくるんで、冷蔵庫に入れてください。
※生地は３日程度冷蔵庫で保存できますが、早めに使い切ってください。

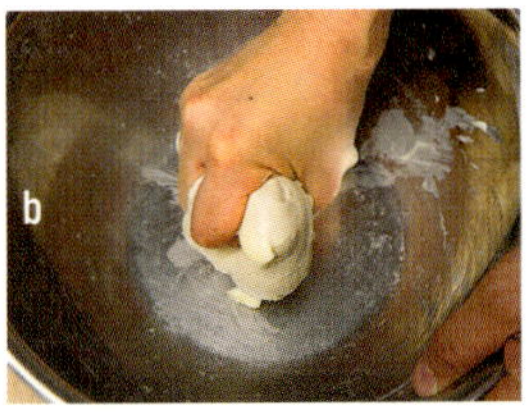

クッキー生地

ブリオッシュスティックパン

たまにはバターと砂糖をたくさん使った
リッチなパンもいいですよね。
甘くて口どけが良いので、チョコレートとの相性も抜群！

材料（約9〜10本分）

A
- 国産強力粉…80g
- 国産薄力粉…20g
- きび砂糖…10g
- 塩…1g

B
- 卵黄1個＋牛乳…70g
- インスタントドライイースト…1g

無塩バター…10g　※室温に戻しておく。

準備

1

デジタルスケールで大きなボウルに材料Aをきっちり量り入れ、ゴムベラでよくかき混ぜます。

2

デジタルスケールで小さなボウルに材料Bをきっちり量り入れ、イーストを膨潤させます。かき混ぜる必要はありません（目安２〜３分）。

こね

3

１に２を一気に入れ、ボウルの底から混ぜるようにして生地をまとめます。

4

状態が変わらなくなったら、ゴムベラの生地をきれいにとり、手でこねます。生地の水分が均一になったらこねは完了（目安２〜3分）。多少表面がぼこぼこしていても問題ありません。

5

４の生地にバターを入れていきます。生地の上にバターを置き、手で生地ごと握りつぶすようにします。生地に光沢がなくなるまで繰り返してください（写真ａ〜c）。

発酵

6

生地を丸めて表面をピンと張ってから密閉容器に入れ、冷蔵庫に入れます。最低8時間は寝かせてください。1.5〜2倍に膨らんだらＯＫです。

成形

7

発酵を終えた生地を冷蔵庫から取り出し、めん棒で5㎜の厚さに伸ばし広げます。ピザカッターで１㎝幅にカットしたら、オーブンシートに並べます。

焼成

8

下記を参照して生地を焼きます。焼き上がったら十分に冷まし、お好みで湯煎で溶かしたチョコレートにディップします（写真d）。お皿に並べ、冷めたら完成です。すぐに食べない場合は、ビニル袋へ入れて密封してください。

・オーブントースター　予熱なし、1200Wで7分焼く
・魚焼きグリル　予熱なし、両面焼きなら中火で3分、片面焼きならひっくり返してもう3分焼く
・フライパン　予熱なし、弱火で7分焼く
※いずれも目安の時間です。

a

b

c

d

スティックシナモンロール

シナモンシュガーをバターとともに挟んで
くるっと巻いたかわいい形のシナモンロールです。
華やかなので手土産にも。

材料(約7〜8本分)

A
- 国産強力粉…100g
- きび砂糖…5g
- 塩…1g

B
- 牛乳…50g
- 水…20g
- インスタントドライイースト…1g

無塩バター…5g

〈フィリング〉
無塩バター…10g
シナモンシュガー(シナモンパウダー3g＋グラニュー糖15g)

準備

1
デジタルスケールで大きなボウルに材料Aをきっちり量り入れ、ゴムベラでよくかき混ぜます。

2
デジタルスケールで小さなボウルに材料Bをきっちり量り入れ、イーストを膨潤させます。かき混ぜる必要はありません(目安2〜3分)。

こね

3
1に2を一気に入れ、ボウルの底から混ぜるようにして生地をまとめます。

4
状態が変わらなくなったら、ゴムベラの生地をきれいにとり、手でこねます。生地の水分が均一になったらこねは完了(目安2〜3分)。多少表面がぼこぼこしていても問題ありません。

5
4の生地にバターを入れていきます。生地の上にバターを置き、手で生地ごと握りつぶすようにします。生地に光沢がなくなるまで繰り返してください(写真a〜c)。

発酵

6
生地を丸めて表面をピンと張ってから密閉容器に入れ、冷蔵庫に入れます。最低8時間は寝かせてください。1.5〜2倍に膨らんだらOKです。

成形

7
発酵を終えた生地を冷蔵庫から取り出し、めん棒で5㎜の厚さに伸ばし広げ、生地の半分にフィリング用にやわらかくしたバターを塗り、シナモンシュガーを振ります(写真d)。

8
フィリングをはさむように生地を折り、上から少し押さえ、めん棒で軽く伸ばします(写真e)。

9
ピザカッターで3㎝幅にカットします。さらに、端は上下1㎝残して、生地の真ん中をカットします(写真f)。

10
端をカットした穴にくぐらせるように、2回通してねじり、オーブンシートに並べます(写真g、h)。

焼成

11
下記を参照して生地を焼きます。焼き上がったら十分に冷まし、すぐに食べない場合は、ビニル袋へ入れて密封してください。

・オーブントースター　予熱なし、1200Wで7分焼く
・魚焼きグリル　予熱なし、両面焼きなら中火で3分、片面焼きならひっくり返してもう3分焼く
・フライパン　予熱なし、弱火で7分焼く
※いずれも目安の時間です。

a

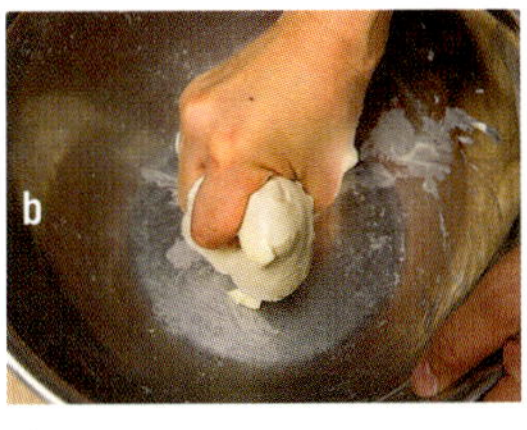
b

c

d

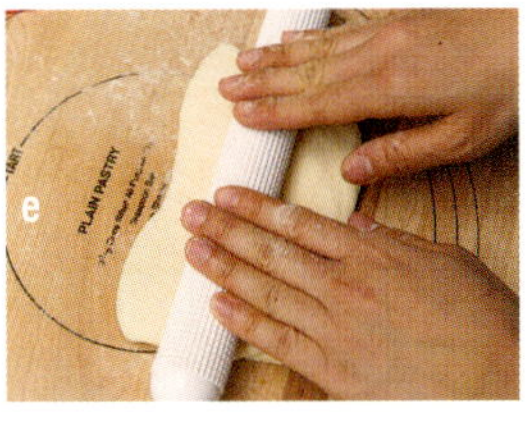
e

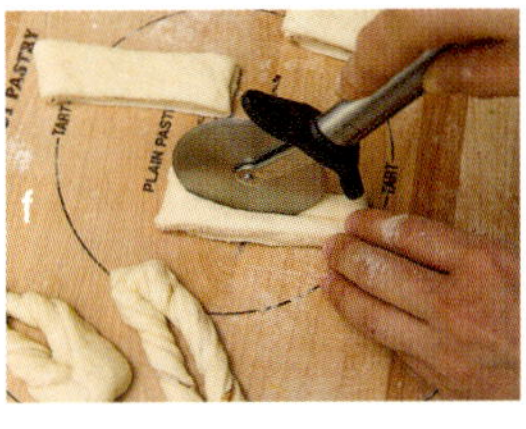
f

g

h

黒糖スティックパン

コクのある風味豊かな黒糖のパンです。
表面にも振りかけて焼くので、黒糖好きの方にはたまりません。
栄養価が高いのもうれしい！

材料（約9〜10本分）

A
- 国産強力粉…100g
- 黒糖…10g
  ※顆粒状のものが手に入れば使ってください。少し粒が残っているものもそのまま使って問題ありません。
- 塩…1g

B
- 牛乳…50g
- 水…15g
- インスタントドライイースト…1g

無塩バター…3g　※室温に戻しておく。
トッピング用黒糖…適量

準備

1
デジタルスケールで大きなボウルに材料Aをきっちり量り入れ、ゴムベラでよくかき混ぜます。

2
デジタルスケールで小さなボウルに材料Bをきっちり量り入れ、イーストを膨潤させます。かき混ぜる必要はありません（目安２〜３分）。

こね

3
１に２を一気に入れ、ボウルの底から混ぜるようにして生地をまとめます。

4
状態が変わらなくなったら、ゴムベラの生地をきれいにとり、手でこねます。生地の水分が均一になったらこねは完了（目安２〜3分）。多少表面がぼこぼこしていても問題ありません。

5
４の生地にバターを入れていきます。生地の上にバターを置き、手で生地ごと握りつぶすようにします。生地に光沢がなくなるまで繰り返してください（写真ａ〜c）。

発酵

6
生地を丸めて表面をピンと張ってから密閉容器に入れ、冷蔵庫に入れます。最低8時間は寝かせてください。1.5〜2倍に膨らんだらＯＫです。

成形

7
発酵を終えた生地を冷蔵庫から取り出し、めん棒で5㎜の厚さに伸ばし広げます。表面に黒糖を振りかけ、めん棒で押さえた後、ピザカッターで１㎝幅にカットしたら、オーブンシートに並べます（写真d）。

焼成

8
下記を参照して生地を焼きます。焼き上がったら十分に冷まし、すぐに食べない場合は、ビニル袋へ入れて密封してください。

・オーブントースター　予熱なし、1200Wで７分焼く
・魚焼きグリル　予熱なし、両面焼きなら中火で3分、片面焼きならひっくり返してもう3分焼く
・フライパン　予熱なし、弱火で７分焼く
※いずれも目安の時間です。

a

b

c

d

column 4

自家製酵母(液種)のこと

パン作りに慣れてきたらぜひ試していただきたいのが、自家製酵母のパン作りです。「自家製酵母」と言うと「難しいんでしょ」と尻込みされる方も、大丈夫。

もちろん自家製酵母を作るのは手間がかかりますが、味わい深く、バターや砂糖を使わなくてもおいしいと感じられるパンができます。

また、生活の中にパン作りを取り入れられることには魅力がいくつかあります。

ひとつは四季を感じる楽しみがあることです。自家製酵母は身近な果物、野菜、ハーブから育てることができます。道の駅や八百屋さんへ行くとワクワク。そのものを食べて楽しんだら、皮や種を使って酵母で楽しむ。一回で2度も3度も楽しめるのが酵母の魅力です。

もうひとつは酵母を調味料としてとらえ、最終的にどんなパンにしようか！とイメージを膨らませられること。

酵母にはたくさんの種類があります。その酵母によって香りも風味も違います。また発酵力も大きく変わってきます。

膨らませるための酵母ではありますが、風味付けとしての酵母という捉え方もできるのです。

ここでは、レーズンを使った基本の酵母の作り方をご紹介します。

材料
水…240g
砂糖…30g
レーズン(オイルコーティングなしのもの)…80g

作り方

1
密閉できる瓶を用意して、瓶と瓶のふたを煮沸消毒します。ふきんなどで拭かず、そのまま冷ましてください。

2
水、砂糖、レーズンを入れてふたを閉め、砂糖が溶けるまで振ります。

3
直射日光と湿気を避け、温かい場所を探して置いておきます(酵母が活発になるのは30℃前後)。

4
2日目以降は1日に2回ふたを開け、中の空気を入れ替えて、またふたを閉めたらシャカシャカと振ります。

5
夏であれば2〜4日、冬であれば3〜6日程度で酵母が完成です。
※完成の見極め：レーズンがすべて浮いていること、瓶の底に白っぽいものが沈んでいること、しゅわっと泡だってアルコールの香りがすること。かびてしまって、すっぱい匂いなどがしたら失敗です。

6
ざるでこして、レーズンの水分を絞って、液体だけを瓶に戻してください。冷蔵庫に入れておけば1か月程度使用可能です。3日に1回はふたを開けて空気を入れ替えてから、振ってください。あまり放っておくと、パンパンに膨らみ、瓶が破裂することもあります。

完成した自家製酵母を、本書のレシピの仕込み水のうち10gに代えて、イーストと併用して使う「ちょい足し酵母」をおすすめしています。そうすることで、酵母の良し悪しに拘わらず、自家製酵母の味わいを楽しめます。「ちょい足し酵母」とは、minnaオリジナルの言葉ですが、毎日安定的にパンを焼いて店に出さねばならないパン屋さんも多く取り入れています。

パンの材料の中で酵母の役割は、パンを膨らませることと、味に深みを出すことです。この前者の役割はインスタントドライイーストに、後者の役割を「ちょい足し酵母」に担ってもらいます。

この方法なら、酵母の力が弱く、そのままではパンに使えないけれど、風味が良いハーブ類なども酵母として活用できるので、楽しく自家製酵母とつきあえます。

酵母は生きています。酵母の種類もいろいろです。やり方はひとつではありません。

息子が生まれてから気づいたこと……「あ、酵母って子どもと同じかも」。

子どもと一緒に過ごすようなやさしい気持ちで、酵母に合う環境を整えることが大切なんだと。構えすぎる必要はありません。自然体、自然体。

chapter 4

応用スティックパン

スティックパンでドーナッツ

ふんわり卵の入った生地のドーナッツは、
コーヒーとの相性も抜群。
見た目が華やかなので、パーティにもお勧めです！

材料（約9〜10個分）

A
- 国産強力粉…80g
- 国産薄力粉…20g
- きび砂糖…8g
- 塩…1g

B
- 全卵…30g
- 牛乳…20g
- 水…20g
- インスタントドライイースト…1g

無塩バター…10g　※室温に戻しておく。

揚げ油…適量

ケーキクーラー等の上で冷まし、粉糖をまぶしたり、チョコにディップするなど、お好みでアレンジしてください。スティック状にしてもかわいいです。

準備

1
デジタルスケールで大きなボウルに材料Aをきっちり量り入れ、ゴムベラでよくかき混ぜます。

2
デジタルスケールで小さなボウルに材料Bをきっちり量り入れ、イーストを膨潤させます。かき混ぜる必要はありません（目安２〜３分）。

こね

3
１に２を一気に入れ、ボウルの底から混ぜるようにして生地をまとめます。

4
状態が変わらなくなったら、ゴムベラの生地をきれいにとり、手でこねます。生地の水分が均一になったらこねは完了（目安２〜3分）。多少表面がぼこぼこしていても問題ありません。

5
４の生地にバターを入れていきます。生地の上にバターを置き、手で生地ごと握りつぶすようにして揉みこみます。生地に光沢がなくなるまで繰り返してください（写真ａ〜c）。

発酵

6
生地を丸めて表面をピンと張ってから密閉容器に入れ、冷蔵庫に入れます。最低8時間は寝かせてください。1.5〜2倍に膨らんだらＯＫです。

成形

7
発酵を終えた生地を冷蔵庫から取り出し、めん棒で5㎜の厚さに伸ばし広げます。ピザカッターで２㎝幅にカットします。

8
片方の端を太く広げ、もう片方の端を細くして、太い方で細い方を完全に包み込み、輪っかを作ります（写真d、e）。

揚げる

9
180℃に熱した油で片面1〜2分ずつ揚げます。両面がきれいなきつね色になれば完成です（写真f）。

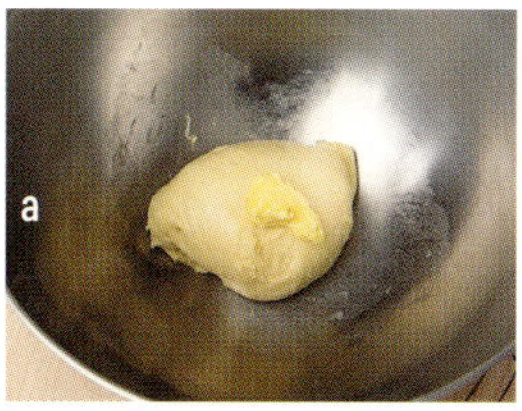
a

b

c

d

e

f

スティックパンでベーグル

もちもちのベーグルだって、
なんとスティックパンから作れちゃうのです！
朝食に自家製ベーグルをどうぞ。

プレーンベーグル

材料（約9〜10個分）

A
- 国産強力粉…100g
- きび砂糖…5g
- 塩…1g

B
- 水…60g
- インスタントドライイースト…1g

〈ケトリング用〉
水…2L
きび砂糖…大さじ3

準備

1
デジタルスケールで大きなボウルに材料Aをきっちり量り入れ、ゴムベラでよくかき混ぜます。

2
デジタルスケールで小さなボウルに材料Bをきっちり量り入れ、イーストを膨潤させます。かき混ぜる必要はありません（目安２〜３分）。

こね

3
１に２を一気に入れ、ボウルの底から混ぜるようにして生地をまとめます。

4
状態が変わらなくなったら、ゴムベラの生地をきれいにとり、手でこねます。生地の水分が均一になったらこねは完了（目安２〜3分）。水分量が少なく生地が硬めです。生地が滑らかにならない時は、ラップをして10分程度置いてからこねてください。

発酵

5
生地を丸めて表面をピンと張ってから密閉容器に入れ、冷蔵庫に入れます。最低8時間は寝かせてください。1.5〜2倍に膨らんだらＯＫです。

成形

6
発酵を終えた生地を冷蔵庫から取り出し、めん棒で5㎜の厚さに伸ばし広げます。ピザカッターで２㎝幅にカットします。

7
片方の端を太く広げ、もう片方の端を細くして、太い方で細い方を完全に包み込み、輪っかを作ります（写真a、b）。

8
ねじってから輪っかにしてもOKです。食感がよりもっちりするので、お好みで（写真c）。

ケトリング

9
沸騰したお湯にきび砂糖を溶かし、弱火にしたら生地を入れます（写真d）。片面1分ずつ茹でたらお湯を切り、オーブンシートを敷いた天板に並べます。

焼成

10
下記を参照して生地を焼きます。焼き上がったら十分に冷まし、すぐに食べない場合は、ビニル袋へ入れて密封してください。

・オーブントースター　予熱なし、1200Wで7分焼く
・魚焼きグリル　予熱なし、両面焼きなら中火で3分、片面焼きならひっくり返してもう3分焼く
・フライパン　予熱なし、弱火で7分焼く
※いずれも目安の時間です。

a

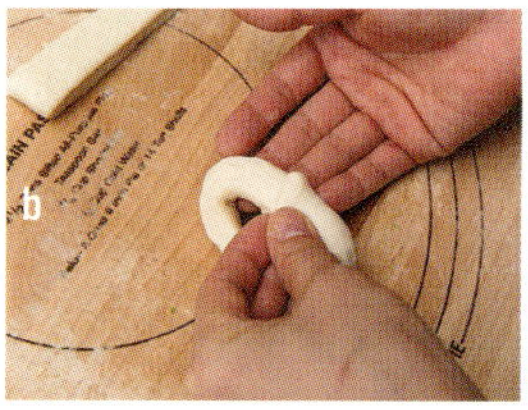
b

c

d

さつまいもベーグル

材料（約9〜10個分）

A ｜ 国産強力粉…100g
きび砂糖…5g
塩…1g
さつまいも…30g
※生のまま小さめにつぶしておく。

B ｜ 牛乳…30g
水…15g
インスタントドライイースト…1g

〈ケトリング用〉
水…2L
きび砂糖…大さじ3

プレーンベーグルの作り方1〜10（P67）の要領で作ります。
※Aに入れるさつまいもは、粒が大きすぎると成形後に天板へ移すときに折れてしまうので、しっかりつぶしましょう。

たまねぎベーグル

材料（約9〜10個分）

A ｜ 国産強力粉…100g
きび砂糖…5g
塩…1g

B ｜ 水…50g
インスタントドライイースト…1g

たまねぎ…15g
※みじん切りにして水にさらし、キッチンペーパーで水分をしっかり拭き取っておく。

〈ケトリング用〉
水…2L
きび砂糖…大さじ3

準備　こね

1
プレーンベーグルの作り方1〜4（P67）の要領で生地を作り、こねまで終えます。

2
1の生地にたまねぎを入れていきます。両面にまんべんなくたまねぎをつけたら、カードで生地を半分にカットします。片方の生地の上にもう片方を乗せて上から押します。この作業を何度か繰り返すと均等にたまねぎが入ります。あまり生地を押すとたまねぎの汁が出て生地が緩くなり、発酵後、成形しづらくなるので注意が必要です。

発酵　成形　ケトリング　焼成

3
生地を丸めて表面をピンと張ります。プレーンベーグルの作り方5〜10（P67）の要領で生地を発酵、成形、ケトリング、焼成したら完成です。
※発酵後は早めに生地を使ってください。たまねぎにふれている生地がどんどんだれてきてしまいます。

スティックパンで蒸しパン

素朴な甘さにふんわりもっちりした食感の蒸しパンは
おやつにピッタリ。砂糖を少し減らして
ベーコンやたまねぎを入れれば主食にも。

卵蒸しパン

材料(約9〜10個分)

A
- 国産強力粉…100g
- きび砂糖…5g
- 塩…1g

B
- 全卵1個+牛乳…60g
- インスタントドライイースト…1g

準備

1
デジタルスケールで大きなボウルに材料Aをきっちり量り入れ、ゴムベラでよくかき混ぜます。

2
デジタルスケールで小さなボウルに材料Bをきっちり量り入れ、イーストを膨潤させせます。かき混ぜる必要はありません(目安2〜3分)。

こね

3
1に2を一気に入れ、ボウルの底から混ぜるようにして生地をまとめます。

4
状態が変わらなくなったら、ゴムベラの生地をきれいにとり、手でこねます。生地の水分が均一になったらこねは完了(目安2〜3分)。多少表面がぼこぼこしていても問題ありません。

発酵

5
生地を丸めて表面をピンと張ってから密閉容器に入れ、冷蔵庫に入れます。最低8時間は寝かせてください。1.5〜2倍に膨らんだらOKです。

成形

6
発酵を終えた生地を冷蔵庫から取り出し、めん棒で5㎜の厚さに伸ばし広げます。ピザカッターで1㎝幅にカットしたら、結び目を作ってオーブンシートに並べます(写真a、b)。

蒸す

7
フライパンに水を張り、その上にお皿を置いて、オーブンシートごと生地を乗せます。ふたをして強火で熱し、お湯が沸騰したら中火にして10分蒸してください(写真c)。蒸し上がったら十分に冷まし、すぐに食べない場合は、ビニル袋へ入れて密封してください。

バナナとくるみの蒸しパン

材料(約9〜10個分)
A | 国産強力粉…100g
　| きび砂糖…5g
　| 塩…1g
B | 牛乳…60g
　| インスタントドライイースト…1g
バナナ…20g
ローストしたくるみ…10g
※生くるみは160℃のオーブンで15分焼く。

準備　こね

1
卵蒸しパンの作り方1〜4(P70)の要領で生地を作り、こねまで終えます。

2
生地にバナナとくるみを入れていきます。両面にまんべんなく具をつけたら、カードで生地を半分にカットして、片方の生地の上にもう片方を乗せて上から押します。この作業を何度か繰り返すと均等に具が入ります。

発酵

3
生地を丸めて表面をピンと張ってから密閉容器に入れ、冷蔵庫に入れます。最低8時間は寝かせてください。1.5〜2倍に膨らんだらOKです。

成形

4
発酵を終えた生地を冷蔵庫から取り出し、めん棒で5㎜の厚さに伸ばし広げます。ピザカッターで1㎝幅にカットしたら、結び目を作り、両端を下に折りこんでオーブンシートに並べます(写真a、b)。

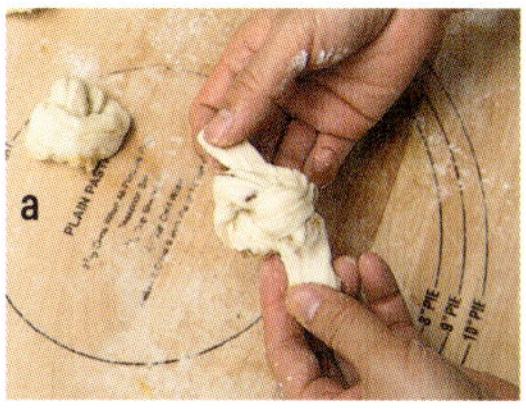

蒸す

5
卵蒸しパンの作り方7(P70)の要領で生地を蒸したら完成です。

黒豆きな粉蒸しパン

材料(約9〜10個分)
A | 国産強力粉…90g
　| きな粉…10g
　| きび砂糖…5g
　| 塩…1g
B | 牛乳…60g
　| インスタントドライイースト…1g
黒豆…80g　※甘く煮たもの。

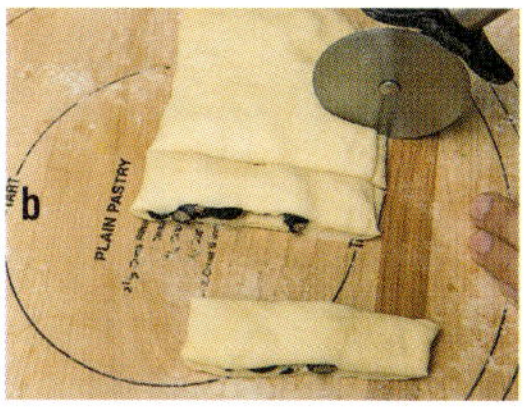

準備　こね　発酵

1
卵蒸しパンの作り方1〜5(P70)の要領で生地を作り、発酵まで終えます。

成形

2
発酵を終えた生地を冷蔵庫から取り出し、めん棒で5㎜の厚さに伸ばし広げ、生地の半分に黒豆を並べます(写真a)。

3
黒豆をはさむように生地を折り、上から少し押さえます。ピザカッターで2㎝幅にカットし、オーブンシートに並べます(写真b)。

蒸す

4
卵蒸しパンの作り方7(P70)の要領で生地を蒸したら完成です。

スティックパンでプレッツェル

あら不思議。重曹の入ったお湯で茹でて焼くだけで、
独特の風味のプレッツェル風に。岩塩やシナモンシュガーを
ふったり、チョコをかけたりしても！

材料

A
- 国産強力粉…100g
- きび砂糖…5g
- 塩…1g

B
- 水…60g
- インスタントドライイースト…1g

トッピング用岩塩…適量

〈ケトリング用〉
水…2L
重曹…大さじ2

準備

1
デジタルスケールで大きなボウルに材料Aをきっちり量り入れ、ゴムベラでよくかき混ぜます。

2
デジタルスケールで小さなボウルに材料Bをきっちり量り入れ、イーストを膨潤させます。かき混ぜる必要はありません(目安2～3分)。

こね

3
1に2を一気に入れ、ボウルの底から混ぜるようにして生地をまとめます。

4
状態が変わらなくなったら、ゴムベラの生地をきれいにとり、手でこねます。生地の水分が均一になったらこねは完了(目安2～3分)。水分量が少なく生地が硬めです。生地が滑らかにならない時は、ラップをして10分程度置いてからこねてください。

発酵

5
生地を丸めて表面をピンと張ってから密閉容器に入れ、冷蔵庫に入れます。最低8時間は寝かせてください。1.5～2倍に膨らんだらＯＫです。

成形

6
発酵を終えた生地を冷蔵庫から取り出し、めん棒で5㎜の厚さに伸ばし広げます。ピザカッターで1㎝幅にカットします。カットした生地を両手でコロコロ転がして、40㎝くらいに細長く伸ばし、端と端を下で交差させ、1回ねじって上の生地にくっつけます(写真a～d)。

ケトリング

7
沸騰したお湯に重曹を溶かし、弱火にしたら生地を入れます。片面1分ずつ茹でたらお湯を切り、オーブンシートを敷いた天板に並べて岩塩をふります(写真e、f)。

焼成

8
下記を参照して生地を焼きます。焼き上がったら十分に冷まし、すぐに食べない場合は、ビニル袋へ入れて密封してください。

・オーブントースター　予熱なし、1200Wで7分焼く
・魚焼きグリル　予熱なし、両面焼きなら中火で3分、片面焼きならひっくり返してもう3分焼く
・フライパン　予熱なし、弱火で7分焼く
※いずれも目安の時間です。

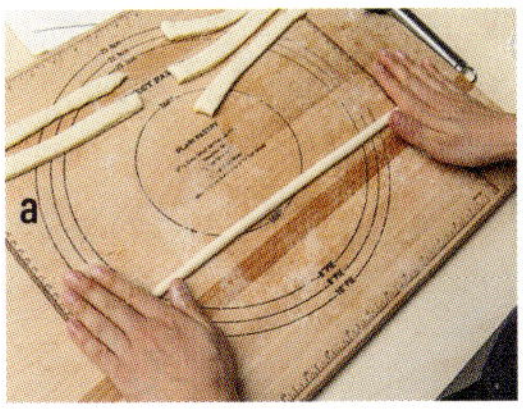

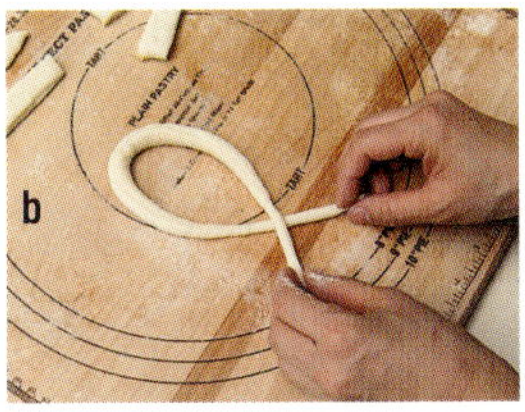

スティックパンの楽しみ方

「オーブントースターで焼くスティックパン」をお伝えし始めてから、「焼きました！」「楽しんでます！」というご感想をたくさんいただくようになりました。一番多いのは、「料理下手な私にもパンが焼けました！」という喜びの声。ここでいくつかご紹介させていただきます。

志田千帆さんの10歳の息子さんは、6歳の弟さんと3歳の妹さんをアシスタントに、家族の分までスティックパンを焼いてくれる料理男子。イベントでお伝えした作り方を元に、志田さんがスティックパンを作ったところ、息子さんに大ヒット！　それ以来一人で作れるようになってしまったそうです。今では完全に息子さんの仕事になっていて、家族の分まで考えて作ってくれるそう。

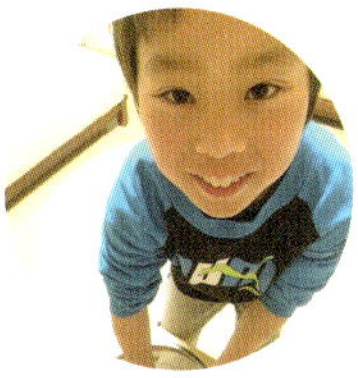

本村由希子さんは家族みんなでスティックパンを楽しんでくださっています。「土曜日はスティックパンの日」として、毎週土曜日に家族でスティックパンを作っているそうです。こんな生地にしてみようとか、こんな具を入れてみようなど、その時々の本村家の流行があるといいます。今は豆乳でこねて生姜糖とオートミールを入れたスティックパンがおすすめだとか。

息子さんにスティックパンを焼いてあげることでママの株がぐんと上がったとおっしゃるのは藤原恵美さん。市販のパンを出すと、ママが焼いたパンがいいと言って、朝からいじけるほどだそう。パンを焼いて朝食に出すと、「オレのママはパンが作れる！」と尊敬の眼差しを送ってくれるんだそうです。

ドイツでスティックパンを焼いてくださっているのはワーグナーあかねさん。ドイツの保育園、幼稚園、小学校には、Brotzeit（ブロートツァイト）、直訳すると「パンの時間」という軽食の時間があり、家からおやつを持参します。市販のプレッツェルやお菓子を持たせることが多いのですが、あかねさんの周りの日本人ママの多くは、少しでも体にいいおやつを食べさせたい、と手作りのものを持たせているそうです。スティックパンは手作りでも簡単に準備出来ると海外でも好評だそう。

他にも、お母さんが冷蔵庫に入れておいた生地を、お友達と一緒に焼いて食べてくれている小学生や、オフィスに生地を持っていって、職場のトースターで焼きたてを同僚と食べているＯＬさんなど、それぞれ自分に合った楽しみ方をしてくれています。

手作りのスティックパンでご家族やお友達、同僚の方と新たなコミュニケーションが生まれているのかな、とワクワク想像しています。

chapter 5

日々のスティックパン

離乳食にスティックパンを

子どもの離乳食が始まったら離乳食スティックパンを作ってみましょう。最初はぺろぺろなめているだけですが、歯が生えて咀嚼できるようになるとカミカミ、最終的にはパクパク食べてくれるようになります。
子どもにはなるべく安心な材料で作ったものを食べてもらいたい。
市販のパンにはいろいろな添加物が入っていたり、塩分が多かったり、油脂や砂糖が多かったりするものもありますが、自分で作ればそんな心配はありません。思う存分、食べてもらえます。

お兄ちゃんにあげてもらってパクパク

「抱っこしてあげる！」「食べさせてあげる！」と、下の子をお世話しようと張り切ってくれる上の子。持ちやすいスティックパンなら上手にあげてもらえます。

お友達と一緒にパクパク

この時期の子どもは細長いものが大好き。小さな手でも握りやすいから、手づかみ食べの練習にもなります。お友達が遊びに来るときに用意しておいても喜ばれます。

外出先でおなかが空いたら

持ち運びしやすいので、外出先に持っていくのもお勧め。ポロポロしないので室内など汚したくない場所でも食べさせられます。ママバッグに入れておきましょう。

離乳食スティックパンを作る前に

野菜は加熱の仕方や個体、時期により水分量が大きく変わります。水分は少な目でスタートし、硬いときに調整して入れるようにしてください。ゆるくなりすぎてしまったら粉を足せばパンにはなりますが、塩とイーストの量がもともとの割合より減りますので味に変化が出てしまいます。

水分量が安定しているため、かぼちゃ、ほうれん草、ブロッコリーは茹でてから冷凍した市販品を利用しています。失敗しにくいのでおすすめです。

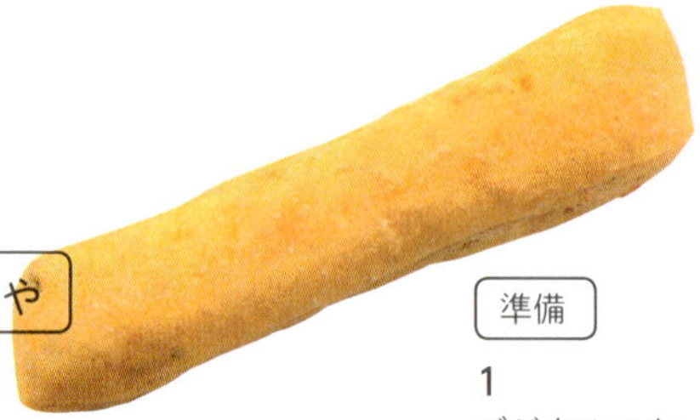

かぼちゃ

材料(約9～10本分)

A
- 国産強力粉…100g
- きび砂糖…5g
- 塩…1g

B
- 茹でたかぼちゃ…30g
  ※皮をとって細かく切ったもの。
- 水…40g＋調整水…5g
- インスタントドライイースト…1g

準備

1
デジタルスケールで大きなボウルに材料Aをきっちり量り入れ、ゴムベラでよくかき混ぜます。

2
デジタルスケールで小さなボウルに材料B(調整水以外)をきっちり量り入れ、イーストを膨潤させます。かき混ぜる必要はありません(目安２～３分)。

こね

3
１に２を一気に入れ、ボウルの底から混ぜるようにして生地をまとめます。材料に調整水があるレシピは、生地が粉っぽくてまとまらない場合に少しずつ加えてこねながら様子を見ます。

4
状態が変わらなくなったら、ゴムベラの生地をきれいにとり、手でこねます。生地の水分が均一になったらこねは完了(目安２～3分)。多少表面がぼこぼこしていても問題ありません。

発酵

5
生地を丸めて表面をピンと張ってから密閉容器に入れ、冷蔵庫に入れます。最低8時間は寝かせてください。1.5～2倍に膨らんだらＯＫです。

成形

6
発酵を終えた生地を冷蔵庫から取り出し、めん棒で5㎜の厚さに伸ばし広げます。ピザカッターで１㎝幅にカットしたら、オーブンシートに並べます。

焼成

7
下記を参照して生地を焼きます。焼き上がったら十分に冷まし、すぐに食べない場合は、ビニル袋へ入れて密封してください。

・オーブントースター　予熱なし、1200Wで7分焼く
・魚焼きグリル　予熱なし、両面焼きなら中火で3分、片面焼きならひっくり返してもう3分焼く
・フライパン　予熱なし、弱火で7分焼く
※いずれも目安の時間です。

ほうれん草

材料(約9〜10本分)

A
- 国産強力粉…100g
- きび砂糖…5g
- 塩…1g

B
- 茹でたほうれん草…30g
  ※固く絞ってからみじん切りにしたもの。
- 水…40g＋調整水…5g
- インスタントドライイースト…1g

小松菜

材料(約9〜10本分)

A
- 国産強力粉…100g
- きび砂糖…5g
- 塩…1g

B
- 茹でた小松菜…30g
  ※固く絞ってからみじん切りにしたもの。
- 水…55g
- インスタントドライイースト…1g

トマト

材料(約9〜10本分)

A
- 国産強力粉…100g
- 塩…1g

B
- カットトマト缶詰…70g
  ※水分も一緒に量ってください。
- インスタントドライイースト…1g

さつまいも

材料(約9〜10本分)

A
- 国産強力粉…100g
- きび砂糖…5g
- 塩…1g

B
- 茹でたさつまいも…30g
  ※皮をむいて細かく切ったもの。
- 水…60g
- インスタントドライイースト…1g

ブロッコリー

材料（約9〜10本分）

A
- 国産強力粉…100g
- きび砂糖…5g
- 塩…1g

B
- 茹でたブロッコリー…30g
  ※葉と茎部分を細かく切ったもの。
- 水…40g＋調整水…5g
- インスタントドライイースト…1g

人参

材料（約9〜10本分）

A
- 国産強力粉…100g
- きび砂糖…5g
- 塩…1g

B
- すりおろした生の人参…30g
- 水…55g
- インスタントドライイースト…1g

じゃがいも

材料（約9〜10本分）

A
- 国産強力粉…100g
- きび砂糖…5g
- 塩…1g

B
- 茹でたじゃがいも…30g
  ※皮をむいて細かく切ったもの。
- 水…60g
- インスタントドライイースト…1g

豆腐

材料（約9〜10本分）

A
- 国産強力粉…100g
- きび砂糖…5g
- 塩…1g

B
- 絹ごし豆腐…30g
- 水…35g
- インスタントドライイースト…1g

小さな子どもがいると、なかなか気軽に外食というわけにはいきませんね。ホームパーティが増えた方も多いのではないでしょうか。そんなとき、自分や子どもの友達をさそって、スティックパンパーティはいかがでしょう。

スティックパンだけ？と侮るなかれ。準備も簡単、いろいろな楽しみ方ができるパーティアイディアをご紹介！

スティックパンパーティを開こう！
Let's Party!

メッセージプレートに

お誕生日のお祝いの時は、メッセージプレートやキャンドルの代わりに、スティックパンを年齢の数字や名前の文字にしてもいいですね！　ケーキに添えてオリジナル感を。

ピンチョス風にして並べて

かわいいピックに細かくカットしたスティックパンをさしてピンチョス風に。いろんな味のスティックパンでもいいし、トマトやハムなどと一緒にさしても彩りがきれいです。

フォンデュでディップ！

チョコレートフォンデュやチーズフォンデュの具としてもピッタリです。いちごやマシュマロと一緒に並べて。華やかなのでパーティ感が増すこと請け合い。

サンドイッチにも

スティックパンを太めにカットしてから焼けば、サンドイッチ用のパンにもなります。ソーセージや卵、スライスしたバナナなど、お好みの具をはさんであげて。

並べ方がポイント！

パーティは見た目も大事。コップに立てて飾ったり、浅めのかごやトレイに並べたり。ガラスの瓶に入れるのも乾燥を防げる上にかわいいのでおすすめです！

子どもと一緒に作ってみよう！

　成形が簡単だから、生地を作っておいて、子どもと一緒にいろんな形を作ってパーティ中に焼くのもおすすめです。来てくれるお友達にはエプロンを持ってきてね、と伝えて。
　生地を渡せばねんど遊びのように夢中になってくれること間違いなし。焼けたパンはその場で食べてもいいし、お土産に持って帰ってもらっても喜ばれます。

ハート

細長くカットしたものを両端から丸めたら簡単ハート型に。

リボン

女の子の喜ぶリボンは、二つの生地を丸めてつなげただけ。

リース

２本を一緒にねじって輪っかに。ドライフルーツなどをつけても。

ステッキ

折り曲げるだけの簡単さ。魔法使いの杖みたい。

雪だるま

レーズンなどで顔を作ってあげてもかわいいです。

三つ編み

３本の生地をそれぞれ細長くして、編んだら端をくっつけて。

DIESEL

BBQでスティックパンを

晴れた日に外で、子どもと一緒にBBQ。楽しいひとときですね。定番の焼きおにぎりや焼きそばもいいけれど、こんなときこそスティックパンを焼いてみませんか。

スティックパンの生地は常温で２時間程度、持ち運びができます。生地は密閉容器に入れたまま、めん棒とピザカッターを持って、BBQへ行きましょう！　外で食べる焼きたてパンの味は格別です。カットしないで伸ばしたまま焼いて、即席ピザ風にしても喜ばれますよ。

その場で成形！

生地を伸ばして、細くカットしたら、割り箸にくるくると巻きつけます。こうしておけば火加減が強いときには持ち上げておけます。そのまま網に置いて格子柄をつけても。

炭火で焼こう

トースターとはまた違う香ばしさが味わえます。くるくるひっくり返しながら、じっくり焼いていきましょう。焼きすぎちゃって真っ黒になってもご愛敬。

焼きたて、美味しいね♪

子どもに手伝ってもらえば美味しさも倍増。気付けばムシャムシャ、たくさん食べてくれますよ。乾杯ならぬ、「カンパーン！」と、パン同士をくっつけてたちまち機嫌よく。

家でのおつまみもスティックパンで

大人も嬉しいおつまみレシピです。アンチョビやブラックペッパーなどを加えた生地をグリッシーニのように細くして少し硬めに焼くと、おつまみ感が増します。ビールやワインのお供にピッタリ。手土産に持っていっても喜ばれます。一つの生地で半分は子ども用、半分は大人用と分けて作れば家族が嬉しいスティックパンが一気に焼けちゃいます。子どもが寝たあとは、夫婦で晩酌をしながらゆっくり話す時間を作ってみませんか。

ペッパーチーズ

材料(約9〜10本分)

A
- 国産強力粉…100g
- きび砂糖…5g
- 塩…1g
- パルメザンチーズ…10g(大さじ1)
- ブラックペッパー(粉)…5g程度
  ※お好みで増減可。

B
- 牛乳…35g
- 水…30g
- インスタントドライイースト…1g

準備

1
デジタルスケールで大きなボウルに材料Aをきっちり量り入れ、ゴムベラでよくかき混ぜます。

2
デジタルスケールで小さなボウルに材料Bをきっちり量り入れ、イーストを膨潤させます。かき混ぜる必要はありません(目安2〜3分)。

こね

3
1に2を一気に入れ、ボウルの底から混ぜるようにして生地をまとめます。

4
状態が変わらなくなったら、ゴムベラの生地をきれいにとり、手でこねます。生地の水分が均一になったらこねは完了(目安2〜3分)。多少表面がぼこぼこしていても問題ありません。

発酵

5
生地を丸めて表面をピンと張ってから密閉容器に入れ、冷蔵庫に入れます。最低8時間は寝かせてください。1.5〜2倍に膨らんだらOKです。

成形

6
発酵を終えた生地を冷蔵庫から取り出し、めん棒で5㎜の厚さに伸ばし広げます。ピザカッターで1㎝幅にカットします。カットした生地を両手でコロコロ転がして、細長く伸ばしたら、オーブンシートに並べます。

焼成

7
下記を参照して生地を焼きます。完全に水分を飛ばしたほうがパリッと焼けて美味しいので、焼けた後取り出して生地がしなるようでしたら、再度追加焼成をしてください。
焼き上がったら十分に冷まし、すぐに食べない場合は、ビニル袋へ入れて密封してください。

・オーブントースター　予熱なし、1200Wで10分焼く
・魚焼きグリル　予熱なし、両面焼きなら中火で4分、片面焼きならひっくり返してもう3分焼く
※いずれも目安の時間です。

アンチョビ

材料(約9〜10本分)

A
- 国産強力粉…100g
- きび砂糖…5g
- 塩…1g

B
- 牛乳…50g
- 水…20g
- インスタントドライイースト…1g

アンチョビフィレ…2枚
※5㎜幅程度に細かく切ったもの。

1
ペッパーチーズの作り方1〜4の要領で生地を作り、こねまで終えます。

2
1の生地にアンチョビを入れていきます。両面にまんべんなくアンチョビをつけたら、カードで生地を半分にカットして、片方の生地の上にもう片方を乗せて上から押します。この作業を何度か繰り返すと均等にアンチョビが入ります。

3
ペッパーチーズの作り方5〜7の要領で生地を発酵、成形、焼成したら完成です。

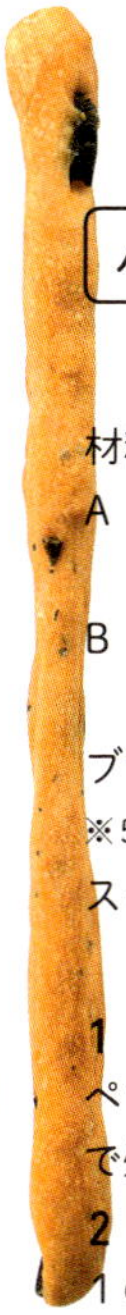

バジルオリーブトマト

材料(約9〜10本分)

A
- 国産強力粉…100g
- 塩…1g

B
- カットトマト缶…70g
- インスタントドライイースト…1g

ブラックオリーブ…15g
※5㎜角程度に細かく切ったもの。
スイートバジル…5枚程度

1
ペッパーチーズの作り方1〜4の要領で生地を作り、こねまで終えます。

2
1の生地にブラックオリーブとバジルを入れていきます。両面にまんべんなく具をつけたら、カードで生地を半分にカットして、片方の生地の上にもう片方を乗せて上から押します。この作業を何度か繰り返すと均等に具が入ります。

3
ペッパーチーズの作り方5〜7の要領で生地を発酵、成形、焼成したら完成です。

スティックパンが余ったら

スティックパンをたくさん作りすぎてしまった……というときに、こんなレシピはいかがでしょう。
多少硬くなったものでもおいしく食べられて、ちょっとよそゆき顔に。

シュガーラスク

カリカリ食感で手が止まらなくなる危険な一品。芯までしっかり乾燥させましょう。

材料
スティックパン…5本
無塩バター…大さじ2
きび砂糖…大さじ2
塩…ひとつまみ

1
スティックパンを1㎝幅にカットする。
2
600Wのオーブントースターで少しだけ温めたあと、ビニル袋に入れ、バターを加えて溶かし、パンにまんべんなくきび砂糖をまぶす。
3
取り出したパンを600Wのオーブントースターで焦がさないように15分程度加熱して、水分を飛ばしたら完成。

パンプディング

食べごたえがあるから子どものおやつにも。器のまま冷蔵庫に入れ、冷やして食べてもOK！

材料
スティックパン…5本
A | 卵液（全卵1個＋牛乳）…250g
　| きび砂糖…大さじ3
　| レーズン…お好み
　| バニラオイル…数滴
トッピング用グラニュー糖…適量

1
卵液がよく染みこむよう、スティックパンを縦半分にカットしてから、2㎝幅にカットする。
2
Aを合わせ混ぜたボウルにカットしたパンをつける。
3
30分以上おいたら、パンとレーズンを耐熱容器に並べ、上から残った卵液をかけて、グラニュー糖をふる。
4
1200Wのオーブントースターで10分焼く。
※長く卵液につけておけばそれだけ卵液が染みこみ、ふわふわになります。

クルトン

常備しておけば普段のスープがスペシャルに！
太目にカットしておつまみにも。ガーリックパウダーやブラックペッパーをふりかけても。

材料
スティックパン…5本
オリーブオイル…大さじ2
塩…適量

1
スティックパンを5㎜幅にカットする。
2
パンをビニル袋に入れ、オリーブオイルをからめて塩をふる。
3
取り出したパンを600Wのオーブントースターで焦がさないように10分程度加熱して、水分を飛ばしたら完成。

フレンチトースト

果物を添えて粉糖をかければ、いつものスティックパンが楽しいおやつに変身。

材料
スティックパン…5本
A ｜卵液（全卵1個＋牛乳）…200g
｜きび砂糖…大さじ2
｜バニラオイル…数滴
トッピング用いちご…適量
トッピング用粉糖…適量

1
卵液がよく染みこむよう、スティックパンを縦半分にカットしてから、3㎝幅にカットする。
2
Aを合わせ混ぜたボウルにカットしたパンをつける。
3
15分以上おいたら、熱したフライパンで両面を焼いて完成。焦げないよう、弱火で気長に焼いて。

スティックパン

Q & A

Q

生地がベタベタしてしまいます！

A 水分が多いので、少し強力粉を足してください。粉を加えすぎると味が悪くなるので、あまりに生地がだらだらするなら、あきらめてそのまま焼いてください。また、粉の種類や季節によって粉に含まれる水分量が変わるので、レシピの水分から5gをのぞいてこねてみて、生地が硬いようであれば残りを少しずつ加えてみるのもよいでしょう。

Q

全然パンが膨らまないのですが……。

A 以下のことを確認して、もう一度やってみてください。

・強力粉と塩を最初にきちんと混ぜているか

・イーストの量は正しいか

・イーストは新鮮か

また、イーストが生きているかどうかわからなければ、小皿に水を張ってイーストを入れてください。生きていれば少したつとぷくぷくとガスが出てきます。

Q

焼いたパンはどのくらい保存できますか？

A 完全に冷ましてからビニル袋などに入れて密封してください。次の日くらいまではおいしく食べられますが、だんだん硬くなります。冷凍したものは1か月くらいで食べきって！

Q

こねた生地はどのくらい保存できますか？

A 密閉容器に入れて、冷蔵庫で３日程度は保存可能です。生地が容器のふたを持ち上げるくらい膨らんでしまったら、一度生地を取り出して丸め直し、容器に戻して冷蔵庫で保存してください。丸め直した生地は最初にこねてから８時間以上たっていれば、いつ焼いてもＯＫ。生地のまま冷凍する場合は、カットしてから冷凍してください。カットしたものを30分程度冷凍庫に入れたら、一度出してくっついた生地同士を離しておくと、あとで使うときに便利です。食べたいときは、常温で30分〜1時間程度解凍してから焼いてください。

Q

生地をこねすぎることはありますか？

A 手でこねるのであれば、こねすぎということはまずありません。時間があるときはたくさんこねても問題ありません。よりきめの細かいふんわりしたパンになります。

Q

こねが足りないとどうなりますか？

A 水分が飛んだ少し硬い焼き上がりのパンになります。こねればこねるほどパン生地のキメは細かくなり、しっかり水分を抱えたふんわりしたパンに焼き上がります。

Q

どうしても焼き上がりが硬くなってしまいます。

A 本書のスティックパンのレシピは、子どもの咀嚼の練習になるように、もっちり焼けるような配合になっています。けれども、ふんわり生地がお好みであれば、これまでよりもたくさんこねるか、バターやオイルなどの油脂を入れてみましょう。あるいはスティック型にカットし天板に乗せた状態で20分程度常温に置いて、仕上げ発酵の時間をとってみてください。

Q

もっとたくさんの量をいっぺんに作りたいのですが……。

A 本書は家庭用の一般的なオーブントースターで一度に焼ける量を目安にしています。もっとたくさん作りたい場合は、分量をそのまま２倍、３倍にしてください。
また、何日か分をまとめて作るのであれば、一気にこねて大丈夫ですが、こねたあとは１日分ずつ分けて密閉容器に入れるのをおすすめします。こうしておけばその日に使わない生地の乾燥を防げます。こねたあとに生地の総重量をスケールで量り、割って生地を分割し、密閉容器に入れて冷蔵庫で発酵させてください。

Q

レシピに書いてあるよりも、たくさん具を入れてもいいですか？

A 生地がつながれば良いので、その限界まで入れていただいて構いませんが、おおよそ生地に対して30％程度が目安だと思います。あまり具を多く入れすぎるとぽっきり折れてしまいますのでご注意ください。

Q

発酵時間を短くして、早く食べたいのですが……。

A 温かいところに置いておけば早く発酵は進みます。たとえば40℃のところに置けば30分程度でみるみる膨らむはずです。膨らめばパンとして焼くことはできます。ただし、長時間冷蔵庫で寝かせた生地と同じパンにはなりません。1次発酵（本書で言う「発酵」）では、できるだけ低い温度の中に長く置くことで生地が熟成されておいしくなります。それをご理解いただいたうえで、どうしても早く焼きたい場合は温かいところに置いて早く発酵させてください。

Q

粉の保存はどうすればいいですか？

A 長く置けば粉の味は劣化します。1か月で使いきれる量を購入し、なるべく湿度と温度の低い場所に置くことをおすすめします。私は25kgで購入するのですがなるべく寒いところに置くようにしています。夏場は5kg単位で購入し、ビニル袋に移して冷蔵庫に入れています。

Q

ペットボトルの水を使っていいですか？

A ものにより、使っても大丈夫です。聞いたことのある方も多いと思いますが、水には軟水と硬水があります。日本の水は軟水、ヨーロッパなどの水は硬水と呼ばれ、軟水に比べてマグネシウムなどが多く含まれます。本書のレシピは日本の軟水を使うことを想定しています。私は水道水を浄化したものを使っています。

ペットボトルの水を使う場合は、pHについても注意が必要です。pH6〜7くらいがよいとされています。アルカリ性の水を使うと、発酵が進みにくくなってしまいます。

オリジナルスティックパンで「おふくろの味」

スティックパン作りに慣れてきたら、家族の好みに合わせて是非オリジナルスティックパンを焼いてみてください。
オリジナルと言っても簡単！　本書にある生地に具材を足し引きしたり、子どもの食べやすいよう成形すれば、立派なオリジナルスティックパンが完成です。手作りのパンが我が家の「おふくろの味」に！

オリジナルスティックパン ＝ 生地 × 具材 × トッピング × 形

1. 生地を選ぶ
2. 中に何を入れるか考える
3. トッピングをするか考える
4. パンの形を考える

※ふわっとした生地にしたければ油脂を入れてください。生地をこねたあとに油脂を練り込みます。液体の油(オリーブオイル、ごま油等)は仕込み水と一緒に加えても構いません。

※具材は均一に入れた方がいいので、粉チーズやごまのような細かい具材は粉と混ぜてからこねましょう。ただ、チョコチップやたまねぎのようなある程度大きさや水分があり、あまりつぶしたくないものは生地が完成してから(油脂を入れる場合は油脂を入れた後に)入れるのがおすすめです。

memo

おわりに

子ども二人が寝静まったあとが私だけの時間。
ようやくパソコンに向かうことができています。
今日もたくさん遊び、笑い、そして気になっていた二人の爪を切ってすっきり。

「はじめに」でも触れましたが、このスティックパンを考えたのは、
下の子が生まれたときでした。
子どもたちを追いかけまわしていると、ゆっくり座る時間はまずありません。
ご飯も子どもが優先で、なんとか食べさせた後、冷めたものをつまむ程度。
朝起こしたと思ったらもう夕飯、お風呂、寝かしつけ……と目まぐるしい日々。
きっと多くのママが同じように過ごしていることでしょう。
「いつになれば落ち着いてご飯を食べられるんだろう？」
「いつになればお友達と気兼ねなくお出かけできるんだろう？」
そう思いながら毎日綱渡りで育児をこなしています。

そんな生活の中で生まれた「オーブントースターで焼けるスティックパン」。
時間をかけてパンを焼くのはとても無理、
でも子どもにはなるべく安全なものを食べさせたい。
そんな自分も含めたママたちが気軽に作れるように、
配合やこね、成形をどんどんシンプルに、
でもおいしさはそのままに……と試行錯誤の末できあがったのが、
このスティックパンのレシピです。

スティックパンは決してお店に並んでいるような
かっこいいパンではありませんが、
おいしくて、安全な材料で、簡単に作れます。
かっこいいことが大好きだった私は、
かつてはレッスンで教えるのもそんなパンばかり。
でも子どもを育てる中で、かっこつけている余裕はなくなりました。
毎日無理なく続けられ、しかもおいしい、
そして何より家族に安全なものを食べてもらえる。
その方が大事だと、自然と思えるようになりました。

外食はおいしいし、スーパーに行けば調理済みの食品も豊富に並んでいます。
それがダメとは思いません。私自身、助けられることもしばしばあります。
毎日手作りのパンを食べさせなければならないとも思っていません。
それでも、大切な人に何かを作ってあげたい、大切な人の健康を守りたい。
そういう気持ちを持って作るものには、特別なおいしさがあると信じています。
そんな「手作りのシアワセ」を一人でも多くのママに、
そしてその先の家族に広げたい、そう思って活動しています。
どうぞ大切な人のためにスティックパンを焼いてみてください。
そしてそれはそんなに難しいことではないと感じてもらえたらいいなと思います。

私は主宰するパン教室「minna」をはじめ、仕事の大半は子ども連れです。
私がレッスンをしている横で子どもたちは遊んでいますし、
お客様との打ち合せに連れて行くこともあります。
この働き方に共感していただいて、よく取材を受けるようになりました。
そういった取材で「ずっとママといられるお子様は幸せですね」と
言われることがあります。

でも、そばにはいられても、仕事中の私は100%子どもの相手はできません。
もしかしたら保育園でプロの保育士さんに見ていただいて、
同じくらいの子どもたちと遊んでいるほうが幸せなのかもしれない。
それはまだ分かりません。
だから、今のところ子どものためではない、もちろん夫のためでもない、
何より自分のために選んだ働き方だなと思います。

そんな私の究極のワガママを受け入れてくださる生徒さんやお客様、
力を貸してくれる仲間たち、
そして精一杯支えてくれる家族に、心から感謝しています。
これからも「手作りのシアワセ」応援団でいることを誓って。

吉永麻衣子

吉永麻衣子(よしなが・まいこ)

1981年生まれ。聖心女子大学卒。一般企業に6年間勤務後、結婚を機に退職。2009年子連れOKの自宅パン教室「cooking studio minna」をスタートする。その後、日本ヴォーグ社のパン教室の講師や、専門学校のパン講師にも着任。著書に『おいしい かわいい ちいさいパン』(マリン企画)がある。二児の母でもある。
cooking studio minna　http://minnadepan.com/

本書は書き下ろしです。

前《まえ》の日《ひ》5分《ふん》→朝《あさ》10分《ぷん》で焼《や》きたて！

簡《かん》単《たん》もちもちスティックパン

発　行／2015年6月20日
7　刷／2019年11月30日

著　者／吉永《よしなが》麻《ま》衣《い》子《こ》
発行者／佐藤隆信
発行所／株式会社新潮社
〒162-8711　東京都新宿区矢来町71
編集部　(03) 3266-5611
読者係　(03) 3266-5111
http://www.shinchosha.co.jp
印刷所／大日本印刷株式会社
製本所／大口製本印刷株式会社

ISBN978-4-10-339411-2　C0077
乱丁・落丁本は、ご面倒ですが小社読者係宛お送り下さい。
送料小社負担にてお取替えいたします。
価格はカバーに表示してあります。

staff

料理・スタイリング…吉永麻衣子
撮影…佐藤慎吾(新潮社写真部)
ブックデザイン…葉田いづみ
イラスト…川端響子
調理アシスタント…「パン講師の集まるサークルhug」メンバー：
今祐美子、濱本茜、圓城寺章子、宮原和美、伊瀬はるな、工藤綾子、吉田美幸、田島美香、松山富美子、秋山朋子、豊田寛子、宇木みずほ、青木香織、恒石裕子、出井明子

◎撮影場所協力
デジキューBBQ　http://digiq.jp/ (P84-85)
Smiley House　http://www.stars-smiley.com/ (P94)

◎著者プロフィール写真メイク
トータルファッションアドバイザー　九十九絵美(Real wardrobe主宰)
http://real-wardrobe-99.jimdo.com/

◎バルーン制作・提供
アクアバルーン　バルーンデコレーターkumi
http://ameblo.jp/aqua-balloon/

◎道具・材料提供
cotta (コッタ)　http://www.cotta.jp/
KILNER　http://www.kilner.jp/Recipe/index.html (マインドアート)
Le Parfait日本事業部　http://www.leparfait.jp/ (デニオ総合研究所)
Staub　http://www.staub.jp/ (ツヴィリング J.A. ヘンケルス ジャパン)
カルトナージュ教室　atelier Keym　http://www.keym2010.com/
寝かしつけ抱っこひものママイト　http://shop.mamaito.com/

◎撮影協力
高橋理沙さん、高橋桃寧ちゃん、中村美香さん、中村莉子ちゃん、杉藤千尋さん、杉藤歩くん、玉木万理子さん、玉木英佑くん、今祐美子さん、今彩音ちゃん、大倉環奈ちゃん、吉永健悟くん、吉永将馬くん